martin georg martens | sabine schäfer

die verborgenen wirkungen der sprache im kindergarten

martin georg martens | sabine schäfer

die verborgenen wirkungen der sprache im kindergarten

anregungen zum spielenden umgang mit den sprachkräften

verlag freies geistesleben

1. Auflage 2010

Verlag Freies Geistesleben
Landhausstraße 82, 70190 Stuttgart
Internet: www.geistesleben.com

ISBN 978-3-7725-2513-1

Umschlag & Satz: Bianca Bonfert
Notensatz: Sebastian Hoch
Umschlagfotos: Charlotte Fischer
Fotos im Innenteil: Charlotte Fischer
Druck und Bindung: DZA Druckerei zu Altenburg GmbH, Altenburg
Printed in Germany

Inhalt

Ich kann mir kein größeres Glück denken als mit einem Kind zusammen zu sein, das gerade dabei ist, seine Sprache zu entdecken. Als wir Kinder waren, liebten wir es, mit der Sprache zu spielen, so wie es alle Kinder tun.

Astrid Lindgren

Einleitung

Schon seit längerer Zeit wird in einer wachsenden Anzahl von Schriften ein zunehmender Sprachverfall beschrieben. Vom Einzelnen wird das kaum bemerkt, da er gewohnheitsmäßig mit seiner Sprache umgeht. Am auffallendsten springt die mangelnde Sprachentwicklung jedoch beim Kind ins Auge.

Noch vor etwa hundert Jahren gab es eine Fülle von Sprachspielen, mit denen alle Kinder umgingen, wenn sie auf die Straße oder auf die Spielwiese kamen und sich mit anderen trafen. Was da überliefert ist an Sprüchen, Spielen, Tänzen, liegt zwar als Literatur vor, doch gibt es wenige Gesichtspunkte darüber, wie man mit diesem «veralteten» Volksgut umgehen kann.

In der vorliegenden Arbeit haben wir uns zum einen die Aufgabe gesetzt, die Kräfte und Gesetze der überlieferten Kindersprachspiele bewusst zu machen, zum anderen aber auch Wege aufzuzeigen, wie das Alte in unserer Gegenwart, auf der Sprache aufbauend, fruchtbar gemacht werden kann. So werden die Elemente der Kindersprache – Takt, Rhythmus und Wiederholung – beschrieben und ihre kosmischen Zusammenhänge dargestellt. Das ganz konkrete Bewusstsein von diesen Sprachformen und ihren geistigen Hintergründen ermöglicht erst den bewussten Umgang mit den Sprachspielen. Es erweckt das rechte Verantwortungsgefühl für die sprachliche Erziehung sowohl der Kinder als auch der ErzieherInnen selbst. Womit gehe ich eigentlich um, wenn ich spreche, und was bewirke ich bei den Kindern? Diese Frage möge als Leitfaden durch diese Arbeit führen.

Es geht in dieser Schrift nicht darum, Spiele und Gebärden zu beschreiben. Das ist von manch anderer Seite schon in eindrucksvoller Art geschehen. Hier soll der Blick ganz auf die Sprache gelenkt werden. Andere Elemente werden nur hinzugenommen, insofern sie den Sprachaspekt beleuchten. Vielleicht erlebt es mancher Leser als einen Mangel, dass zu wenig auf die Lautwirksamkeit hingewiesen wird. Anthroposophisch gesehen bilden sich die Konsonanten- und Vokalkräfte insbesondere an den Rhythmen. So kommt den Rhythmen im Hinblick auf die Lautbildung eine vorrangige Stellung zu. Liegt der Sprache der ErzieherInnen zusätzlich bei allem, was sie sprechen, immer eine lebhafte Bilderwelt zugrunde, so werden die Laute davon wie ernährt. Spezielle Lautschwierigkeiten der Kinder können nur vom Sprachtherapeuten behandelt werden.

Als günstige Schichsalskonstellation der vorliegenden Darstellung stellte sich die Zusammenarbeit zwischen einer erfahrenen Kindergärtnerin ein, die selbst auch Sprachgestalterin ist, und einem Sprachgestalter, der als Ausbilder und Sprachtherapeut über jahrzehntelange Erfahrungen verfügt.

Die beschriebenen Verse und Übungen sind als künstlerische Wege zu verstehen, die vor allem zu eigener Kreativität aufrufen wollen. Freilich können die Anregungen auch übernommen werden. Die praktischen Beispiele müssen ja ganz individuell sein, so wie jede Kindergärtnerin im Laufe der Zeit ihren eigenen Weg des Umgangs mit den Kindern findet. Doch wenn beim Leser allmählich das Bedürfnis entsteht, sich auf den Weg zu begeben und sich selber einen Vers zu machen, so ist das sicher das Beste, was geschehen kann. Die ErzieherInnen der Zukunft sind aufgefordert, selbst kreativ zu sein, sich für alle Situationen die Verse weitgehend selbst zu schmieden, um geistesgegenwärtig das Richtige zu haben. Das ist eine reine Übungssache. Wenn die ersten Versuche noch nicht gelingen, so werden es die späteren immer mehr. Nicht das Perfekte wirkt bei den Kindern, sondern die liebevolle Bemühung des Erziehers. Das Unvollkommene korrigiert sich am Leben.

Wesentlich für die Spracherziehung ist die Erfahrung, dass eine gesunde Sprache nicht nur etwas Gutes für die Sprache selbst und ihr Verstehen ist, sondern dass die Sprache Ausdruck des ganzen Menschen ist. Seine seelisch-geistige, seine vitale und seine körperliche Verfassung drückt sich in ihr aus. Die Sprache entsteht in frühester Kindheit. Was da veranlagt wird, bildet den späteren Menschen. So kommt gerade der Erzieherin die verantwortungsvolle Aufgabe zu, in der Zeit der größten Bildsamkeit des Menschen das Beste dafür zu tun, dass sich bei den Kindern eine gesunde Sprache entwickelt. Vieles von den Schwierigkeiten der modernen Jugend entscheidet sich auch an der Frage der Sprachentwicklung in den ersten Jahren des Kindes.

Als eine geeignete Form dieser Arbeit hat sich ein Wechsel von Ausführungen mehr grundsätzlichen Charakters und solchen aus der unmittelbaren Praxis erwiesen. Die allgemeinen Darstellungen sind von Martin Georg Martens verfasst und im gewöhnlichen Schriftbild wiedergegeben, diejenigen aus der täglichen Praxis von Sabine Schäfer sind in grauer Schriftfarbe und werden mit einem ■ gekennzeichnet. Alle nicht namentlich ausgewiesenen Verse und Gedichte sind von Martin Georg Martens gebildet.

Helfer bei dieser Arbeit waren Carmen Kollmer und Ute Basfeld, die durch ihre aufmerksame Begleitung manche Fragen klären konnten. Ihnen sei an dieser Stelle ein aufrichtiger Dank ausgesprochen.

Im Reich der Sprache

Die Sprache, von vielen Dichtern als das höchste Gut der Menschen angesprochen, ist zunächst das Instrument, das alles soziale Zusammenwirken unter uns ermöglicht. Wem sie fehlt oder wer nur mangelhaft über sie verfügt, sucht nach einem Ersatzausdrucksmittel wie z.B. der Gebärdensprache der Gehörlosen oder der Brailleschrift der Blinden, die aber letztlich auch nichts anderes sind als andere Formen der Sprache. – Heute gibt es eine reichhaltige Literatur zu der Tatsache, dass unsere Sprache krank, verfallend, verstümmelt, dekadent geworden ist, und es werden viele Versuche unternommen, sie wieder zu beleben, neu zu entdecken und ihre Bedeutung aufzuwerten. Manche Arbeiten versuchen, das Wesen der Sprache zu durchschauen, ihre Eigenarten zu charakterisieren und ihre Qualitäten zu erkennen, um daraus Gesichtspunkte für einen neuen Umgang mit ihr zu gewinnen. Dies möchte auch die vorliegende Schrift.

Das Erste, was man von der Sprache wahrnimmt, ist, dass sie unsere Gedanken, Gefühle und Emotionen in sich aufnimmt und an die Mitmenschen weitergibt. Um den Sprachfluss zu differenzieren, können wir Akzente setzen, Gewichte auf Bedeutsames legen, Satzglieder zurücknehmen, etwas leichter oder geruhsamer sprechen ... Hier liegt bereits ein beachtliches Übungsfeld vor, das auch für die Arbeit im Kindergarten ins Auge gefasst werden sollte. Besonders schön gestaltet ist die Sprache der Grimmschen Märchen. Man bedenke nur die folgende Situation aus dem Märchen «Der Froschkönig»:

«Es war einmal ein König, der hatte drei Töchter. Die Jüngste war so schön, ja so schön, dass selbst die Sonne, die schon so viel gesehen hatte, sich verwunderte, so oft sie sie ansah ...»

Der erste Satz mit dem Relativsatz ist unproblematisch. Er muss nur ganz klar dastehen. Auch der Anfang des zweiten Satzes verhält sich so. Doch dann kommt die Einschiebung «ja so schön». Wie muss diese gesprochen werden, damit die Steigerung zu dem Vorausgehenden erlebt wird? Welche sprachlichen Mittel stehen uns dabei zur Verfügung? Und ebenso ist es mit der zweiten Einschiebung: «die schon so viel gesehen hatte».

Gerade in der Kindersprache spielen die Wiederholungen bestimmter Motive eine große Rolle. Unter den unzähligen Sprüchen aus dem Volksgut sei dies kleine herausgeholt:

Schluckauf und ich gingen über die Brück',
Schluckauf und ich kamen wieder zurück.
Schluckauf und ich gingen über den Steg.
Schluckauf fiel ins Wasser. Und wupp, war er weg.

Immer am Anfang jeder Zeile wiederholt sich das gleiche Bild. Wie wirkt dies auf das sprechende oder auch das hörende Kind? Wir werden darauf im Folgenden näher eingehen. Neben dieser Wiederholungsart mit vielen weiteren Beispielen gibt es auch noch andere Arten wie die Schlusswiederholung, die Innenwiederholung usw.

Außer dieser inhaltlichen Gestaltung ist in jeglicher Sprache die bildhafte Ebene vorhanden. In den Märchen sind es die vorgegebenen Bilder. Aber auch jedem Gedanken liegt ein Bild zugrunde. Mache ich mir dieses bewusst, so vermag ich den Gedanken aus der Abstraktheit herauszuheben. Ein wunderbares Mittel, das einem Begriff innewohnende Bild zu finden, ist es, wenn man lernt, die im Bild lebende Gebärde zu entdecken. Da entdeckt man z.B., dass alles, was mit Finsternis zu tun hat, eine zusammenziehende Gebärde der Arme erfordert, alles, was mit Licht gemeint sein kann, etwas Streckendes, Dehnendes als Bewegungsausdruck hat. Und diese Erfahrung verändert dann die Sprache. Man kann aber auch daran arbeiten, sich erst einmal ganz nüchtern verbal klarzumachen, wie das Schloss, der Wald im Märchen aussieht. Schon durch diese Beschäftigung bemerkt man, wie ungenau unsere spontanen, ungeübten Vorstellungen sind.

Wiederum eine Schicht tiefer finden wir die Bausteine, mit denen die Sprache arbeitet. Da stoßen wir auf die Silben. Sie sind meist inhaltslos. Das Wort Silbe besteht aus zwei Silben: sil und be. Doch ohne Silben wären kein Takt und kein Rhythmus in der Sprache möglich. Im Takt gehen die Silben im Gleichschritt, im Rhythmus dehnen sie sich aus und ziehen sich zusammen, sie atmen. Hier zwei Beispiele:

Ane Dane
Ene Dene
Ine Dine
One Done
Une Dune – ab!

Nun hinaus an die Luft,
Wo das Vöglein mich ruft,
Wo das Blümlein mich lockt
Und das Schnecklein still hockt,
Wo ich bau mit der Hand
In dem goldenen Sand.
Volksgut

Das erste Sprüchlein, das dem Buch *Sprachpflege und Wortkultur* von Lisbeth Wutte entnommen ist, kann als Auszählvers verwendet werden. Die Dauer der einzelnen Silben bleibt darin immer die gleiche. Welche Wirkung geht davon aus? Im zweiten Vers sind jeweils die dritte und die sechste Silbe etwa doppelt so lang zu sprechen wie die übrigen Silben. Es entsteht ein Anapäst. Wie wirkt dieser? Ein schier unermesslich reiches Feld eröffnet sich in der Rhythmenkunde.

Die tiefste, unterste Schicht der Sprache ist die der Laute. Sie leben in der Silbe. Konsonanten geben ihr die Hülle. Ein Vokal bildet das Innere. Es gibt im Volksgut der Kindersprache ein schönes Beispiel, wie mit den Lauten spielend geübt wird:

Ein bage bege bige boge buge Packpapier
Zwei bage bege bige boge buge Packpapier
Drei bage bege bige boge buge Packpapier
Vier bage bege bige boge buge Packpapier …

Da geht das spielende Kind mit der Vokalreihe a e i o u, die in dieser Abfolge ihre organische Form hat, sprachlich spazieren und harmonisiert sich dabei. Gleichzeitig wird das Wiederholungswort von dem Lippenlaut b eingeleitet und dem Gaumenlaut g abgeschlossen. Das Kind begrenzt sich nach vorne und nach hinten. Ein wohltuendes Lebensgefühl stellt sich ein.

Die beschriebenen vier Stufen der Sprache – Inhalt, Gebärde, Silbe, Laut – stellen sich in dieser Form für den Erwachsenen dar, der den Weg vom Inhalt zu den inhaltslosen Kräfteschichten der Sprache geht. Das Kind nimmt den umgekehrten Weg. Es beginnt mit den Lautspielen, lebt in unendlichen, sinnlosen Wiederholungen und gelangt schließlich bei den Bildern und Rhythmen an. Der Gedanke ist das Letzte auf dieser Reise.

An den angeführten Beispielen ist zu sehen, wie die vier Schichten der Sprache für das Kind wirksam werden können und in der früheren Kindersprache, bevor die Technik auftrat, auch anwesend waren. Sie können heute wieder neu ergriffen werden. Unsere Erwachsenenwelt hat diese Schichten weitgehend verloren. Der Intellekt und die Emotion als Sprachausdruck dominieren. Die Sprachgestaltung als der aus dem Anthroposophischen inspirierte Sprachschulungsweg hat sich zur Aufgabe gemacht, all diesen Schichten und Weiterem wieder eine Pflege angedeihen zu lassen.

Dann kommt es darauf an, dass ich mit meiner Sprache in genügender und richtiger Weise mit den Kindern kommuniziere. Erreiche ich sie, wenn ich von ihnen etwas will? Wie muss ich mein Reigenverslein sprechen, damit den Kindern schon aus meiner Sprechweise die Lust zum Tanzen in die Glieder springt? Oder wie gestalte ich ein Märchen, damit die Kinder angeregt werden zuzuhören? Wie kann ich die Bilderwelt der Märchen in rechter Weise für die Fantasie der Kinder zur Erscheinung bringen?

Diese Arbeit will nicht alle Kriterien der Sprache des ersten Lebensjahrsiebtes behandeln. Das geht auch nicht, weil vieles nur praktisch geschult werden kann und sich einer theoretischen Beschreibung entzieht. Und auch das Beschriebene wird erst dann nachvollziehbar sein, wenn es sprechend ausprobiert wird. So verstehen die beiden Autoren diese Angaben als Anregungen zum Üben. Das Buch möge bei vielen Menschen ein Übungsbuch sein und damit für die Kinder fruchtbar werden.

Kinder, vor allem im ersten Jahrsiebt, lieben eine deutliche, schöne, gepflegte Sprache. Eine solche Sprache erst kann die Grundlage dafür werden, dass die Kinder später auch Liebe zur Poesie entwickeln. Die Schönheit und die Originalität der Kindersprüche und ihrer Ausdrucksweise durch die Erwachsenen wollen den Boden schaffen für ein späteres kreatives Spracherleben.

Takt und Rhythmus in der Sprache

Das Kind kommt ganz hilflos zur Welt. Im ersten Lebensjahr reagiert es sensibel auf das Musikalische der Muttersprache. Von Anfang an wird intensiv im Dialog mit der Mutter die Fähigkeit des Zuhörens und Sprechens aus dem Augenblick entwickelt. Sprachmelodie, -rhythmus, -dynamik, die Klanglichkeit der Laute werden dem Säugling durch sein soziales Gegenüber vertraut. Ist das Kind mit seiner Umwelt im Einklang, beginnt es mit den ersten Lautspielen: mamama dadada ... Das wird geübt, bis es die «prosodische Kompetenz» erworben hat (Tonhöhe, Sprechtempo, Sprachpausen).

Im zweiten Lebensjahr erweitert sich der Wortschatz durch die Freude an der Wiederholung von Wörtern, verbunden mit Tätigkeiten und Berührungen. Zum Beispiel ahmt das Kind das Geräusch beim Zuklappen eines Topfdeckels mit «klapp» nach oder das Hineinfallen einzelner Kastanien in den Korb mit «plom, plom». So wird das Auf- und Zumachen von Schubladen, schließlich aber alles mit Sprache begleitet.

Im Folgenden beginnt der Einstieg in die Bildung einfacher Sätze, das Beugen von Verben, das Bilden der Mehrzahl und der Einstieg in die Grammatik. Hier erwirbt sich das Kind die «linguistische Kompetenz». Es erfährt die Bedeutung von Lauten und Wörtern und beginnt die Satzstellung zu verstehen.

Bis zum Schulbeginn sollte den Kindern geholfen werden, ihren Grundwortschatz zu erwerben und die Regeln der Sprache instinktiv zu erlernen. Auch wenn das kleine Kind intuitiv eine natürliche Sprachdidaktik mitbringt, ist es wichtig, als Erwachsener selbst zu reflektieren, ob man ein grammatikalisch gutes Sprachvorbild ist und eine deutliche und lebendige Aussprache hat – als Voraussetzung für eine kindgerechte Sprachkultur. (Die Freude und die Lust des Erwachsenen, kreativ mit der Sprache umzugehen, sich verständlich zu machen und auszudrücken, wecken Neugier und Nachahmungswillen.) In gleicher Weise kann auch die Sprache der Kinder durch die schöpferischen Urelemente angeregt werden.

In erschreckender Weise ist die Sprachentwicklung der Kinder in den letzten Jahrzehnten gegenüber den gesunden Entwicklungsverhältnissen zurückgeblieben. In den Neunzigerjahren waren bei etwa 15 Prozent der Kinder Sprachdefizite festgestellt worden. Heute sind es bereits 40 Prozent. Wohin führt dies, wenn sich das so weiterentwickelt? Das Problem der Sprache ist generell, dass durch den Einfluss der Medien das gesunde Spracherleben fast aller Menschen weitgehend geschwunden ist. Ausdruck davon ist die Tatsache, dass schon in den kleinsten Sälen und Kirchen Lautsprecher die Sprache vermitteln. Das sogenannte «Denglisch», das anglisierte Deutsch, zeugt davon, dass die Schönheit und die Kraft der deutschen Sprache in großen Teilen der Bevölkerung nicht mehr erlebt werden. Auch die kräftigen Volksdialekte drohen zu einer geselligen Halbherzigkeit zu verfallen. So könnten noch unzählige Beispiele angeführt werden.

Da die Kinder die Sprache durch die Nachahmung aus ihrem menschlichen Umkreis aufnehmen (man weiß heute, dass das Kind durch die Medien nicht sprechen lernen kann), stellt sich die Frage: Ist die Sprache der Erwachsenen heute noch so beschaffen, dass sie die Nachahmung in gesunder Weise anregt? Wie die ganze Erde heute durch die ökologische Katastrophe bedroht ist, so ist auch die Sprache generell im Verfall. Das Problem dabei ist nur, dass der Einzelne es nicht merkt, weil er sich an seine Sprache ein Leben lang gewöhnt hat. Nur wer offensichtliche Sprachfehler hat – wie Stottern und Lispeln oder Legasthenie –, ist sich dieser Fehler bewusst. Man muss aber heute davon ausgehen, dass alle Sprache, mit der jeder von uns umgeht, schwach bis dekadent geworden ist.

Wer einmal den alten germanischen Stabreim in seiner ganzen Ausdruckskraft geübt hat, wer sich mit den griechischen Rhythmen beschäftigt oder sich gar selbst dichterisch geübt hat, der fängt an zu fühlen, welch schöpferisches Potenzial der Sprache innewohnt. Und nur an einer Sprache, die schöpferische Kräfte in genügender Weise in sich trägt, kann das Kind in gesunder Weise nachahmend sprechen lernen.

Die Eltern zu Hause, die ErzieherInnen im Kindergarten stehen hinsichtlich der Sprache in einer Schlüsselposition. Denn von ihrer Sprache hängt es ab, ob die Kinder in richtiger Weise sprechen lernen. Bedenkt man dabei noch, dass die Betreuung der Kinder im Kindergarten weitgehend ganztägig ist und die Eltern meist hilflos in der Situation der Sprachentwicklung ihrer Kinder sind, so kommt den ErzieherInnen im Kindergarten eine noch bedeutsamere Aufgabe in der Vermittlung der Sprache zu.

Was kann ich also als Erzieherin oder als Erzieher tun, um meine Sprache, mit der ich den Kindern begegne, gesund, keimkräftig und schöpferisch zu machen?

Die drei sprach-schöpferischen Bereiche im Kindergarten

Beobachtet man die Bereiche im Kindergarten, in denen der Sprache alle Aufmerksamkeit zukommt, so ergeben sich zwanglos vier Ebenen:

- das deutliche Sprechen als organbildende Kraft
- der unmittelbare sprachliche Kontakt mit den Kindern, um eine Beziehung zu ihnen aufzubauen
- das Spruchgut, um die Kinder mit den Urelementen der Natur und des Lebens zu verbinden
- das Erzählen, um die innere Bilderwelt der Fantasie in der Kinderseele zur Entfaltung zu bringen.

Jeder dieser Bereiche hat seine ganz eigene Prägung. Zum ersten Bereich kann zunächst festgestellt werden, dass es sich um das unverzichtbare, unmittelbare Wort in jeder Situation handelt. Es ist nicht vorher planbar und muss aus der Geistesgegenwart des Erziehers unmittelbar entstehen. Die große Frage ist: Kann ich mich hierzu in irgendeiner Weise vorbereiten oder muss meine Sprache ganz aus meinem So-Sein kommen? Das Spruchgut aber muss gut vorbereitet sein. Der Erzieher muss für viele Gelegenheiten die rechten Sprüche zur Verfügung haben. Welche Gesichtspunkte können ihn bei seiner Auswahl leiten und wie müssen diese Sprüche gestaltet werden?

Auch das Erzählen muss vorbereitet sein. Welches Märchen tut den Kindern in der gegenwärtigen Lage gut, welches wünschen sie sich, welches müsste aus der jahreszeitlichen Stimmung erzählt werden? Wann ist ein rasch improvisiertes Märchen am Platze? Und wie ist ein Märchen sprachlich sachgemäß vorzutragen?

Wenden wir uns gleich der Praxis zu.

Der unmittelbare sprachliche Kontakt mit den Kindern

■ Es beginnt schon am Morgen mit dem ersten Händereichen beim Begrüßen. Ich habe schlecht geschlafen und bin müde. Wie begrüße ich die Kinder? Wie weise ich sie an, ihre Kleider und Schuhe zu ordnen? Die Kinder sind chaotisch, beginnen zu toben, besonders am Montag. Muss ich gleich mit einem Donnerwetter beginnen? Unterliege ich meinen Unmutsmechanismen oder kann ich ein entschiedenes, strenges Wort straff und sicher einsetzen? Wie kann ich das Spiel beim Spielen selbst, beim Aufräumen, beim Tischdecken ... begleiten?

Es gibt sieben Wochentage. Die haben ihre ganz besonderen Qualitäten. Diese können mich befähigen, jeden Tag den Kindern mit einer neuen Stimmung zu begegnen. Immer sollte ich mich in eine Verfassung der erwartenden Freude versetzen, wenn ich die Kinder empfange. Und wenn ich sie zu ihren Spielen und sonstigen Tätigkeiten anweise, sollte ein echtes Interesse meinerseits vorliegen. Dann müssen die Kinder auch mal draußen ihren Bewegungsdrang ausleben und lauter sein dürfen. Wie kann ich das durch meine sprachlichen Mittel leiten? Wann tut ein reinigendes Gewitter im Sinne eines Kraftwortes Not?

Betrachte ich die beschriebene Situation in ihrer Vielschichtigkeit, so ist sie das, was in der Sprachkunst als ein dramatischer Vorgang bezeichnet wird. Das unberechenbare Leben entwickelt sich.

Das Spruchgut ist der Lyrik zuzuordnen, das Erzählen der Epik. ■

Das Spruchgut: Takt und Rhythmus

Viele Situationen des täglichen Kindergartenlebens, wie sie eben angedeutet wurden, gestatten bereits den Einsatz von Sprüchen:

In erster Linie sind es Sprüche und Lieder, die in den Spielen vorkommen: *die Spielsprüche.*

Dann kommen oft in den Märchen Verse vor: *die Märchensprüche.*

Schließlich sind da die Sprüche für die Jahres- und Festeszeiten: *die Feiersprüche.*

Auch Tagessprüche und Tischgebete spielen ihre Rolle: *die ordnenden Sprüche.*

Des Weiteren werden durch Verse Übergänge von einer Tätigkeit zur nächsten geschaffen: *die Übergangssprüche.*

Eine Fülle von Möglichkeiten, Spruchgut in das Kinderleben einzubringen, eröffnet sich. Wie können solche Sprüche gestaltet werden?

Zunächst kann auf die verschiedenen Elemente geblickt werden, durch die alle Verse gestaltet sind. Das Auffälligste ist der Reim, der Gleichklang von Zeilenenden. Dann spielen Takt und Rhythmus eine wichtige Rolle. Oft weisen die Kindersprüche auch Lauteigentümlichkeiten auf. Und letztlich dient alles den vielfältigen Bildern und Inhalten der Kindergedichte.

Auf den Reim und die Bildgestaltung soll später eingegangen werden. Wenden wir uns den Erscheinungen von Takt und Rhythmus zu. Beide Elemente haben es mit dem zeitlichen Fluss der Sprache zu tun. Was ist ihr Unterschied? Was ist ihre Kräftewirkung? – In der überlieferten Kindersprache spielt der Takt eine größere Rolle als der Rhythmus. Der Takt lässt die aufeinanderfolgenden Silben im Gleichschritt erscheinen. Mal beschleunigt er, mal verlangsamt er. Dann trägt er in großer Regelmäßigkeit verschiedene Betonungsfolgen. Hier sei gleich ein Beispiel angeführt:

Ei wie langsam, ei wie langsam
Kommt der Schneck von seinem Fleck!
Sieben lange Tage braucht er
Von dem Eck zum andern Eck.
Ei wie langsam, ei wie langsam
Kommt der Schneck im Gras daher!
Potz, da wollt ich anders laufen,
Wenn ich so ein Schnecklein wär'.
Volksgut

Jede Silbe gleicht zunächst in der Dauer der anderen, bis sich plötzlich mit den letzten beiden Zeilen das Sprechtempo verdoppelt. Wer kennt nicht die Freude der Kinder, wenn sie nach dem langen, verhaltenen Vorwärtsschleichen am Schluss einfach loslaufen dürfen! Zusätzlich stellt sich bei diesem Vers noch ein Betonungscharakter so ein, dass immer die ungeraden Silbenzahlen die Betonungen tragen, die geraden die Tonsenkungen. – Damit ist das taktförmige Sprechen auch schon charakterisiert: Die Dauer der Silben ist gleich lang. Sie kann sich beschleunigen oder verlangsamen. Außerdem stellt sich eine bestimmte Betonungsweise ein.

Ganz anders verhält sich der Rhythmus. Er unterscheidet lange und kurze Silben, die in verschiedener Weise zueinander stehen können. Lange Silben werden mit dem Zeichen – und kurze Silben mit dem Zeichen v dargestellt. Während der Takt unserem Gehen und Laufen gleicht, ist der Rhythmus wie ein Atmen der Sprache. Um dies gleich zu verdeutlichen, sei ein allbekanntes Beispiel gebracht, ein Tischgebet von Christian Morgenstern in einem Rhythmus, der den Namen Trochäus trägt und der mit den Zeichen – v symbolisiert wird:

Erde, die uns dies gebracht,
Sonne, die es reif gemacht.
Liebe Sonne, liebe Erde,
Euer nie vergessen werde!

Man versuche einmal, diesen Spruch so zu sprechen, dass immer die zweiten Silben kürzer sind als die ersten. Und man findet den Rhythmus, in diesem Falle, weil das kleine Gedicht mit einer Länge beginnt, der nur eine Kürze folgt, einen Trochäus. – Dagegen versuche man nun so zu sprechen, dass man den Silben gleiche Dauer verleiht wie oben bei «Ei, wie langsam …» Der Spruch erscheint im Takt. Ein feines Empfinden wird sogleich bemerken, dass das Gebet, im Takt gesprochen, einförmig und seelenlos wird, während der Rhythmus die starke Beteiligung der Empfindungen zulässt. Beim Verslein «Ei, wie langsam …» ist der Takt stimmig. Das ist kein Andachtsspruch, sondern ein Bewegungsspiel. Da ist der Takt angebracht. Greift aber das taktmäßige Sprechen auf Sprüche über, die die seelische Beteiligung der Menschen suchen, so entsteht der berühmte und mit Recht verpönte Leierkasten, mit dem oft Schulklassen die Gedichte herunterleiern. Niemand will das. Und doch wird auf diese Weise viel Poesie zerstört. Rhythmisches Sprechen will geschult sein und erfordert viel seelische Kultur.

Noch einmal zurück zum Takt kommend, sollen zwei Beispiele zu einer differenzierteren Einsicht in sein Wesen führen.

Bim bam Glöckchen!
Da oben steht ein Stöckchen,
Da oben steht ein Schilderhaus,
Da gucken drei Mammsellerchen raus.
Die erste heißt Mariechen,
Die zweite heißt Sophiechen,
Die dritte schließt den Himmel auf,
Lässt die liebe Sonne raus.
Volksgut

Der Müller will mahlen,
Das Rädchen geht rum,
Mein Kind ist verzürnet,
Weiß selbst nicht warum.
Volksgut

(Das Verslein beginnt mit dem Glockenläuten. Es weist dann nach oben, vielleicht zum Kirchturm mit seiner Spitze. Vielleicht ist das Turmdach mit Schildern aus Schieferplatten bedeckt. Und dann werden Mariechen und Sophiechen entdeckt. Hinter den Namen stehen die Wesenheiten der beiden Geistesschwestern Maria und Sophie. Die Dritte wird nicht mit Namen benannt. Aber sie schließt den Himmel auf. Ist das alles Zufall? – Die erste Zeile des Sprachspieles hat vier ruhige gleiche Schritte. In der zweiten Zeile verdoppelt sich das Sprechtempo bis auf die Silbe «Stöck». In der dritten Zeile wird das doppelte Sprechtempo ganz konsequent durchgeführt. Die nächste Zeile verdoppelt das Sprechtempo abermals mit den Silben «sellerchen». Dann folgen zwei Zeilen, die wiederum mit den Silben «rie» und «phie» Längen haben usw. Blickt man auf die Betonungen, so stellt man fest, dass ab der zweiten Zeile jede zweite, vierte und sechste Silbe den Akzent trägt. Nur in der letzten Zeile liegt der Akzent auf der ersten, dritten, fünften und siebten Silbe. Gegenüber dem oben angeführten Vers «Ei wie langsam ...» ist hier eine Akzentverschiebung geschehen, wie in der letzten Zeile. Das dritte Verslein, «Der Müller will mahlen ...», hat nochmals einen anderen Betonungscharakter: Die zweite und fünfte Silbe werden betont. – Damit gibt es drei verschiedene Betonungsweisen, die den Takt charakterisieren: |.|.|., .|.|.| und .|..|..|. Die erste Form hat eine bedächtige Wirkung. Sie ist ruhiger als die zweite, die eine gewisse Auftriebskraft hat. Die dritte Form wiegt harmonisch in sich. In diesen drei Betonungsarten erschöpft sich der Takt.

Wie geht man im Kindergarten mit den taktförmigen, körperlich wirkenden Versen um? Dazu sollen nun einige Beispiele gebracht werden.

■ Grundsätzlich sollten die Kindersprüche vom Rhythmus getragen sein, weil er aus der Verhärtung herausführt, die durch das moderne Leben gegeben ist. Der Rhythmus ist voller Leben und formt am Kind in verschiedenster Weise. In allen Situationen, in denen es sich um praktische, konkrete Dinge handelt, ist der Takt angemessen.

Je nach baulicher Möglichkeit oder nach der Gruppensituation müssen die Übergänge von einer Tätigkeit in die andere vom Erwachsenen entweder geführt oder freigelassen werden. Ist der Weg in den Waschraum unübersehbar oder gibt es andere Hindernisse, so muss der Erwachsene anwesend sein oder Formen und Regeln finden, um den größeren Kindern Aufgaben, z.B. Türwächter zu sein, zu übergeben.

Um überhaupt dazu zu kommen, dass die Kinder eine Reihe bilden, brauchen wir ein Lied oder einen Spruch, die an dieser Stelle des Tagesablaufs immer greifen sollen, aber auch je nach Jahreszeit wechseln können. Immer sollte man darauf achten: Sind mehr größere Kinder da, so können die Verse öfter wechseln, hat man mehr kleinere Kinder, sollte man es bei einem oder zweien belassen, die sich abwechseln. Meine Erfahrung spricht dafür, einen taktmäßigen Vers zu wählen. Dieser sollte sich weniger beschleunigen oder retardieren, sondern silbenbetont gesprochen werden

Beispiel: Der Übergang vom Aufräumen zum Waschraum:

Johann, spann an, *Wir fassen uns alle in einer langen Reihe an.*
drei Katzen voran,
drei Mäuse voraus,
den Blocksberg hinauf.
Volksgut

Während der Erntezeit:

Tripp tripp trapp, *Die Kinder gehen zu zweit. Eines ist das Eselein,*
tripp tripp trapp, *das andere der Reiter mit dem Sack.*
Eslein auf und ab
Trägt die Säcke groß und klein
In die Mühle gleich hinein.
(aus: Rhythmen und Reime[1])

Zu Michaeli:

Seht die große Riesenschlange, *Lange Reihe*
langsam geht sie nur im Gange,
vorne der Kopf und hinten der Schwanz,
ja so geht der Drachentanz.
(aus: Der Liederbär[2])

Natürlich können diese einfachen Sprüche auch gesungen werden.
Vor dem Händewaschen:

Tut mal eure Hände heben. *Die Kinder tun es.*
Wie sie schmutzig sind und kleben!
Tut die Hände schnell verstecken, *Die Kinder tun es wieder.*
Dass sie nicht noch mehr verdrecken.
Schnell ins Wasser *Die Kinder reiben ihre Hände.*
schrupp schrupp schrupp
Sauber sind sie gleich, o guck!

Wenn die Kinder nach dem Händewaschen im Kreis auf der Bank sitzen, gibt's einen kleinen Spruch:

Wutzel hin, Wutzel her,
zeig mir deine Hände her,
sind sie warm oder kalt,
sind sie jung oder alt,
sind sie krumm oder grad,
sind sie runzlig oder glatt.
Wutzel hin, Wutzel her
Zeig mir deine Hände her.
(aus: Das ist der Daumen Knuddeldick[3])

Damit kündige ich in eintöniger Art und ganz taktmäßig gesprochen an, dass sich die Kinder auf ihre Hände konzentrieren, still werden und mit den Händen eine Schüssel bilden, um ein Goldtröpfchen (Duftöl) zu erhalten. Das taktmäßige Sprechen hilft uns, eine Situation unabänderlich zu machen. Mein Wille steckt geradlinig im Takt, in der Silbe und wird von den Kinder in der Weise schneller akzeptiert, obwohl keine Strenge dabei waltet. Natürlich müssen ein flüssiger Sprachstrom und die Freude an der Sprache erhalten bleiben. Immer soll das Tempo in etwa dem Kind angemessen sein, genauso wie beim Liedersingen.

Wichtig sind auch *taktmäßig gesprochene Koordinationsübungen für Hände, Füße und Beine.* Heute beobachten wir zunehmend, wie wenig die Kinder in ihren Gliedmaßen, vor allem in den Füßen, anwesend sind. Sie haben gar keine Wahrnehmung von ihnen. Auch Kreuzungen von Händen und Füßen werden für viele Kinder ein Problem. ■

Beispiele:

Rechte Hand	*rechte Hand vorstrecken*
und linke Hand,	*linke Hand vorstrecken*
das sind zwei.	*klatschen*
Rechte Hand	*wiederholen*
und linke Hand,	
schaffen froh und frei.	*klatschen*
Rechte Hand und	*wiederholen*
linke Hand	
woll'n sich fleißig regen,	*klatschen*
eine kommt der andern Hand	*rechte u. linke Hand vorstrecken*
helfend stets entgegen.	*Hände umeinander fassen*

Nachts am Berge	*Arme nach oben gestreckt beginnen, auf jeder Silbe*
tanzen Zwerge,	*rechten Arm und rechtes Bein aufeinander zu bewegen*
tanzen schnelle,	*so auch linken Arm und linkes Bein – im Wechsel bis zum Ende des Verses führen*
lachen helle,	*Arme und Beine schließen*
halten Ruh.	

Hedwig Diestel

Hüpfen, hüpfen, das ist fein,	*mit geschlossenen Füßen hüpfen*
hüpfen wie die Vögelein,	
wie ein Hase	
in dem Grase.	
Hüpfen auf dem rechten Fuß,	
hüpfen auf dem linken Fuß.	
Und die Zehen,	*die Zehen im*
die verstehen,	*Takt hochheben*
wie man auf gespitztem Fuß	*von einem Fuß auf den andern,*
leise, leise hüpfen muss.	*zwei Silben links, zwei Silben rechts hüpfen*

Alfred Bauer

Wenn in den Taktversen lange Silben mit zwei Taktschlägen vorkommen, so deutet sich darin ein erster Funke des Sprachrhythmus an. Den Sprachrhythmus aber kennzeichnet gegenüber dem Takt eine Fülle von Spielarten und Ausgestaltungen. Für den Kindergarten kommen davon besonders die zwölf Grundrhythmen infrage.

Unter den wenigen Autoren, die Takt und Rhythmus unterscheiden und zu charakterisieren in der Lage sind, sei besonders auf Ernst Marti und seine Schrift *Das Ätherische*[4] aufmerksam gemacht. In sehr feinsinniger Weise wird dort im Abschnitt über den Rhythmus auf die Qualitäten dieser beiden ganz verschiedenen Ausdrucksweisen aufmerksam gemacht. Der Rhythmus umspielt das taktmäßig Messbare und macht es unmessbar. Er erlöst den in die Erstarrung neigenden Takt ins Lebendige.

Von den Rhythmen

Einführend in die Rhythmen seien die zwölf Grundrhythmen dargestellt, die in ihrer Einfachheit und sittlichen Wirkung für den Kindergarten in Betracht kommen. Sie sind in den Jahrhunderten vor Christi Geburt in Griechenland entwickelt worden und stehen heute in neuer Weise für die Pädagogik zur Verfügung. Die angewandten Rhythmen, wie Blankvers, Hexameter, die antiken Oden usw., sind für die Kleinen zu kompliziert und kommen hier nicht infrage. Dafür sollen an dieser Stelle die Forschungsergebnisse an den Grundrhythmen aufgegriffen und in ihrer Anwendbarkeit für den Kindergarten betrachtet werden.

■ In der Waldorfpädagogik werden die Elemente der Sprache unterstützend für die Entwicklung der Kinder und Jugendlichen angewandt. Diese Elemente sind
- rhythmisches Sprechen
- dynamisches Sprechen
- stilvolles Sprechen
- Gebärden in Sprache und Spiel.

Im Kindergartenalter kommt es nicht auf die individuelle Schulung des Kindes an, vielmehr darauf, allgemein und unbewusst mit den Sprachkräften auf die Kinder einzuwirken. Als besonders hilfreich hat es sich erwiesen, mit spielerischen, rhythmischen Versen die Kinder aus alten in neue Situationen hinüberzuführen.

Jeder Rhythmus hat einen ganz eigenen Atem, einen

eigenen Bewegungsimpuls und eine eigene Stimmung und vermag die Kinder in einer behüteten Weise in neue Situationen hinüberzutragen. Die Bilder und Gebärden helfen dabei. Die Erzieherin erfährt im bewussten Ergreifen des Rhythmus während des Erlernens des Sprüchleins an sich selbst die wohltuende und sich verändernde Atmung. Durch dieses bewusste Herangehen an den Sprachrhythmus kann sie mühelos in ordnender, künstlerischer Weise die Kinder führen. ■

Nun sollen die zwölf Rhythmen vorgestellt werden, jeder in seinem besonderen Charakter, mit seinem Namen und seiner Zeichensymbolik:

- *Ruhe* durch einen *Choriambus* – v v –
- *Erfrischung* durch einen *Amphimacer* – v –
- *Impulsierung* durch einen *Jambus* v –
- *naives, kindliches Fühlen* durch den *Anapäst* v v –
- *Willensbefeuerung* durch den *Daktylus* – v v
- *Besinnlichkeit* durch einen *Trochäus* – v
- *Harmonie* durch einen *Amphibrachus* v – v
- *Fröhlichkeit und Leichtigkeit* durch einen *Päon* v v – v
- *innere Führung* durch einen *Epitrit* – v – –
- *Beruhigung aus der Bewegung* durch einen *Jonikus* v v – –
- *innere Erregung* durch den *Bacchius* v – –
- *aus Verkrampfungen lösend* durch einen *Antispast* v – – v

Zunächst soll nun für jeden Rhythmus ein Beispiel gegeben werden, wie er im Kindergarten vorkommen könnte. Dabei kann durch ein mehrmaliges Sprechen eines Verses geprüft werden, welche besondere Qualität der Rhythmus in dem einen oder anderen der Verslein trägt. Vielleicht entdeckt man schon etwas von den oben beschriebenen Eigenschaften.

– v – Amphimacer
Hoppla Hopp!
Pferdchen lauf!
Lauf Galopp
Berg hinauf!
Lauf Galopp
Berg hinab!
Lauf im Trab!

v – Jambus
Ein Wandersmann
Auf Stock und Stein
Hat Schuhe an,
Geschnürt und fein,
Hat einen Hut
Auf seinem Kopf!
Wer dies nicht tut,
Der ist ein Tropf.

v v – Anapäst
Nun hinaus an die Luft,
Wo das Vöglein mich ruft,
Wo das Blümlein mich lockt
Und das Schnecklein still hockt,
Wo ich bau' mit der Hand
In dem goldenen Sand.

– v v – Choriambus
Mittag ist nun.
Lasst uns nun ruh'n.
Lasst uns nun fein
Still, stille sein.

Äugelein schließt.
Träumend genießt
Wunder im Schlaf.
Schlaf, Kindlein, schlaf.

v – v Amphibrachus
Die Bälle, sie rollen, sie fliegen, sie fallen.
Die Bälle, die runden, gefallen uns allen.
Wir werfen die kleinen, die großen im Kreise
Und lachen und jubeln und sind auch ganz leise.

v v – v Päon
Wenn die Gretel mit dem Hänschen,
Wenn das Hänschen mit der Lore,
Wenn die Lore mit dem Franzel,
Wenn die Großen mit den Kleinen
In dem Walde sich verstecken,
Gibt es vieles zu entdecken.
Denn die Kinder muss man suchen
Unter Hecken, unter Buchen,
Denn die Kinder muss man finden
Unter Büschen, unter Linden.

(Die Namen können durch andere zweisilbige Namen ausgetauscht werden.)

v v – – Jonikus
Wenn der Wind sacht'
Durch den Raum zieht
Und sich schlau macht,
Was er all's sieht,
Was zu tun ist,

Ob die Tür auf ...
Hui, da holt er
Einen Pustschnauf.
Und die Tür knallt,
Dass es weit schallt.
Und er schleicht fort,
Weg vom Schreckort.

v – – v Antispast
(So kommt, Kinder. Die Hand reichet. Den Kreis schließet.)
Wir woll'n tanzen. Wir woll'n singen.
Es soll fröhlich die Luft klingen.
Den Fuß heben, den Fuß stellen,
Mal ganz langsam, dann vorschnellen.
Im Kreis drehen, im Kreis stehen.
Wir woll'n tanzen, wir woll'n lachen,
Wir woll'n endlich mal Spaß machen.

– v v Daktylus
Putzen wir wollen.
Räumen wir sollen.
Kehren und wischen
Auf Boden und Tischen.
Ist alles sauber,
Das ist ein Zauber!
Putzen wir wollen.
Räumen wir sollen.

(Dieses Versmaß besteht aus einem Daktylus und einem Trochäus und heißt Adonis, nach einer phönizischen Gottheit. Da es ganz den Charakter eines zweifüßigen Daktylus an sich trägt, kann es für diesen beispielhaft stehen.)

– v Trochäus
(kann auch als 3. Päon v v – v gesprochen werden)
Wenn wir springen,
Wenn wir singen,
Uns verstecken
In den Ecken,
Wenn wir laufen,
Uns verschnaufen,
Ist die Freude
Unser heute.
Und die Sorgen
Sind für morgen.

v – – Bacchius
Der Wind kriegt
Den Hut just,
Der rumfliegt
Nach Herzlust,
Mal hoch steigt,
Im Staub liegt.
Nun flink zeigt,
Wer ihn kriegt!

– v – – Epitrit
Hin und her geht's;
Nimmer still steht's;
Auf und ab steigt's;
Nimmer steh'n bleibt's.
'S ist der Wind, Kind!
Nie ihn fest bind';
Nie ihn fest halt'.
Merkst es doch bald.

Einige der Grundrhythmen seien nun beispielhaft in ihrer Anwendbarkeit dargestellt.

Choriambus – v v –

Das schönste Beispiel für diesen Rhythmus haben wir in dem Schlafliedchen gegeben:

Schlaf, Kindlein, schlaf.
Der Vater hüt' die Schaf.
Die Mutter schüttelt's Bäumelein,
Da fällt herab ein Träumelein.
Schlaf, Kindlein, schlaf.
Volksgut

Die erste und die letzte Zeile werden im schönsten Choriambus gesungen und haben die wunderbar beruhigende Wirkung auf das Kind, die diesem Rhythmus so eigen ist. Es mag die Frage bei diesem Vers entstehen: Warum verschwindet der Choriambus in den übrigen Zeilen des Liedes? Er verschwindet gar nicht – er wird nur von den Melodie umspielt. Das wird sogleich erlebbar, wenn man zu zweit das Lied singt. Einer singt es in der bekannten Weise. Der Zweite spricht oder singt dazu ganz ruhig den Rhythmus. Da fallen dann die beiden Silben von «Vater» auf die Länge des zweiten Choriambus, während die Melodie auftaktig mit «der» beginnt und auf die Länge zwei Töne singt usw. Sofort wird erlebbar, dass der Rhythmus gar nicht abwesend ist, dass er vielmehr unter der Melodie weiterschreitet, um am Schluss wieder hervorzutreten. Diese Doppelschichtigkeit von Rhythmus und Melodie gibt es sehr oft in den Volks- und Kinderliedern.

Zum Beispiel bei dem Morgenlied: «Erwacht, ihr Schläfer drinnen. Der Kuckuck hat geschrien ...» Diesem Lied liegt ein Daktylus – v v zugrunde. Da die Melodie mit einem Auftakt beginnt, bemerkt man dies nicht sogleich. So könnten manche Beispiele angeführt werden. (In dem bekannten Lied: «Weißt du, wie viel Sternlein stehen ...» schwingt der aus der Bewegung in die Ruhe führende Jonikus v v – – manchmal vordergründig, manchmal unterschwellig durch die Melodie. Nur kurz seien weitere Lieder mit eindeutig rhythmischem Untergrund angeführt: Im Jonikus v v – – «Kommt ein Vogel geflogen ...»; im Anapäst v v – «Hänschen klein ...»; im Daktylus – v v «Hänsel und Gretel ...»; im Epitrit – v – – «Guten Abend, gute Nacht ...»; im Amphibrachus v – v «Im Frühtau zu Berge ...»)

Nun soll wieder etwas aus der unmittelbaren Arbeit des Kindergartens betrachtet werden.

Husch! Was war das?
Regen macht nass.
Sonne macht hell.
Kommt alle schnell!
Hände gestreckt,
Füße ganz keck.
Was es wohl gibt?
Ein Tanz! Ein Lied!

■ Das Aufräumen des Gruppenzimmers ist geschafft, alles steht wieder auf seinem Platz. Auf dem zusammengerollten Teppich sitzen die kleinen Kinder und wuseln vor sich hin, während die größeren noch einen Winkel des Zimmers kehren und beim Tischdecken helfen. Mit einem letzten Blick vergewissere ich mich, dass eigentlich alles zum Frühstück und Reigen vorbereitet ist und wir mit dem rhythmischen Teil im Tagesablauf beginnen können. Um nicht ermahnen oder einzeln alle herbeirufen zu müssen, stelle ich mich in die Mitte des Raumes, klatsche im großen Bogen über dem Kopf in die Hände und spreche sehr rhythmisch, ohne Erwartungshaltung, nicht laut, den Vers. Mit kleinen Gesten deute ich, z.B. den Regen, die Sonne, Hände, Füße an. Kaum, dass ich zu Ende gesprochen habe, sind alle Kinder zu mir gekommen, reichen mir die Hand oder stehen dicht bei mir und führen mit mir gemeinsam die Bewegung von «Füße ganz keck» aus, indem ich abwechselnd rechts und links kurz auftrete.

Der Rhythmus ist nicht langweilig, lässt aufhorchen. Er leitet mit einer Länge ein, führt dann in den bewegten Teil der Kürzen und will uns zu etwas führen, zur zweiten Länge. Das wirkt unbewusst, macht neugierig. In der Schlusszeile stellt sich ganz überraschend ein Jambus ein. Seit einem halben Jahr spreche ich den Vers und brauche ihn nicht zu wiederholen oder die Kinder ermahnen, zu mir zu kommen. Sie kommen einfach.

Und noch einmal ein Beispiel für den *Choriambus – v v –*:

In meiner Gruppe sind sieben angehende kräftige Schulkinder. Je nach ihrer Spielidee suchen sie ein Zusammenspiel in größeren oder kleineren Gruppen. Die Bewegungsfreude steht bei manchen an erster Stelle. Sie laufen gern um den Tisch, bauen sich Rutschen oder Hindernisbahnen, wenn ihnen inhaltlich nichts anderes für ein Spiel einfällt. Die kleinen Kinder kommen ihnen dabei in die Quere. Ein Schimpfen beginnt, weil vielleicht etwas verschoben wurde usw. Dabei steigt die Lautstärke. Die Unruhe steigert sich. Geschwind gehe ich durch den Raum, sammle nebenbei auf dem Boden liegendes Spielzeug auf und spreche einen

Spruch im Choriambus – nicht laut, aber bestimmt und deutlich:

Glocke, sie schwingt.
Glocke, sie klingt:
Baum bim bam Baum,
Baum bim bam Baum!
Klappergeklapp,
Plappergeplapp,
Schlüpft in die Eck',
Schnelle nur weg!
Glocke, sie schwingt.
Glocke, sie klingt:
Baum bim bam Baum,
Baum bim bam Baum!

Es wird sofort reagiert, und es tritt ein um sich greifendes Aufhorchen ein. Meistens bemerken alle Kinder meine Absicht und nehmen sich zurück. Die Stimmung, die ich im Sprechen habe, bewirkt eine allgemeine Beruhigung. Die Kinder sind wie erlöst, denn sie erleben die Lautstärke auch als unbehaglich und störend.

In der Adventszeit dienten mir die ersten vier Zeilen dieses Gedichts als Vorbereitung und Einstieg zu unserem Weihnachtsspiel. Mit dem Spruch zogen wir von der Garderobe in den Gruppenraum und in einen Kreis um das Gestühl des Spieles. Die Glocken läuteten es ein. Der Rhythmus führte uns sogleich in die Ruhe, in ein gehaltenes, würdiges inneres Schreiten und stimmte feierlich ein. Ich empfinde den Choriambus wie eine Schale, in der eine wiegende, schwingende, aber doch gehaltene Bewegung erlebt wird. ■

Trochäus – v

■ Er sammelt, konzentriert und bereitet das Folgende vor:

Zum Frühstück ziehen wir mit einem Morgenlied ins Zimmer. Alle setzen sich an die Tische. Für achtzehn Kinder und zwei Erwachsene ist gedeckt. Die Kleineren, Drei- bis Vierjährigen, sitzen gern in meiner Nähe, die größeren Kinder suchen sich ihren Platz weit von mir. Vor dem Essen singen wir unser Danklied. Natürlich ist nicht gleich Ruhe, jeder hat seinem Nachbarn noch so viel zu erzählen. Um die Aufmerksamkeit auf mein Bedürfnis zu lenken, gemeinsam danken zu wollen, beginne ich mit einem Vers, dabei reiche ich den Kindern neben mir die Hand, und im Erzählstil, mit gewichtigem Ausdruck, beginne ich den trochäischen Spruch, wobei ich die Längen der Wörter auskoste. Die Lautstärke nehme ich in der letzten Zeile sehr zurück. Im Ganzen spreche ich ihn sehr langsam.

Alte Eule in der Eiche
gibt den Kindern gute Lehre:
«Werd' ich still, dann hör ich viel,
hör ich viel, so werd' ich still.»
Volksgut aus Nordamerika

Sofort schauen alle Kinder zu mir. Mit einem Kopfnicken oder indem ich den Zeigefinger an den Mund lege, bestätige ich mit freudigem Blick den Moment der Ruhe und beginne mit dem Danklied.

Es dauert höchstens vier Tage, dann sprechen die Kinder den Spruch selbst mit, die Kleineren freuen sich immer über die Wiederholung und verlangen danach. Jeden Tag ist der Spruch nicht erforderlich, aber wenn ich ihn verwende, wirkt er sofort, und eine Aufmerksamkeit entsteht. Die Kinder hören von mir gern am Tisch eine ausgedachte Geschichte, die ich, wie andere Geschichten, in einer epischen Stimmung erzähle.

Man kann sich fragen: Warum reimt sich der Vers nicht? Er will ja kein Eigenleben haben, will das Zerstreute sammeln und auf das Eigentliche hinführen, nämlich dass ein Danklied gesungen werden soll.

Auch auf solch eine Feinheit wie die Endsilben kann man aufmerksam werden. Ein reiner Trochäus möchte immer mit einer Kürze enden. Dann müsste es heißen:

Werd' ich stille, hör ich vieles!
Hör' ich vieles, werd' ich stille!

Dass die Zeilen gerade mit der Länge enden, wie oben, wirkt viel ruhiger als die Variante mit den folgenden Kürzen. Ein Kunstgriff dieses Versleins ist, dass sich die Hauptaussage spiegelt. Die Spiegelung bewirkt immer ein Aufwecken, ein Erwachen. Die Spiegelung kommt in ganz vielen volkstümlichen Kinderversen vor. ■

Anapäst v v –

Im Anapäst haben wir einen beschwingten, lösenden Rhythmus. Er ist unmittelbar und naiv.

■ Der Anapäst (v v –) versetzt uns in eine freudige Stimmung und animiert zum Tätigwerden. Nachdem alles aufgeräumt ist, soll unser Fußboden gekehrt werden. Manche Kinder sitzen schon auf dem zusammengerollten Teppich und unterhalten sich oder beschäftigen sich mit einem kleinen Spiel, wie Fische fangen oder «Pinke panke, Schmied ist kranke», bis alles sauber und der Tisch gedeckt ist. Mit dem großen Besen beginne ich zu kehren und spreche dabei den Vers, der meine Arbeit beschreibt:

Mit dem Besen ich feg'
Allen Schmutz mir jetzt weg.
Mit dem Kehricht zuhauf
In den Eimer darauf!
Und im Nu, welcher Glanz,
Ist es sauber so ganz.

Die kleineren Kinder helfen gerne und kehren mit dem kleinen Kinderbesen mit. Die größeren Kinder könnten angeregt werden, von sich aus mitzuhelfen. Am nächsten Tag zur gleichen Zeit und Stelle hole ich den Besen und beginne meinen Spruch. Kaum dass ich mit ihm beginne, saust auf einmal ein größerer Junge los, holt Kehrschaufel und Handfeger, kehrt und spricht freudig: «und den Kehricht zuhauf in den Eimer darauf». Diese Zeile muss ihn sprachlich beeindruckt haben, denn Kehricht wiederholte er zu gern und schien unbewusst stolz darauf zu sein zu wissen, was man mit dem schwierigen Wort meint. Mittlerweile ist es so, dass ich nach dem Aufrollen des Teppichs nur noch mit dem Spruch zu beginnen brauche, und sofort habe ich mehrere Helfer.

Genau die gleiche Erfahrung machte ich beim Tischdecken.

Deckt den Tisch
Froh und frisch!

Brettchen fein
Soll'n es sein.
Und mit Brot
Gibt's nicht Not.
Nun den Tee
Jupp juchhe!
Gebet Acht,
Dass ihr macht
Kein Geschwapp!
Sapperlapp!
Nun zu Tisch
Froh und frisch.
Appetit
Fehlt uns nit.

Auch hier beginne ich die ersten Zeilen, und die Kinder springen herbei und helfen sofort. Dabei kann ich sogar noch eine andere Tätigkeit verrichten. Der Spruch lässt sie wie von selbst beginnen, und mit fröhlicher Stimmung sind sie dabei, bis zum Schluss. Die Teekannen dürfen nur die größeren Kinder mit mir zusammen auf den Tisch stellen. Da macht's uns natürlich Spaß zu sagen:

«Gebt fein Acht, dass ihr macht kein Geschwapp, sapperlapp.» ■

amphimacer – v –

Winter, weich'!
Winter, geh'!
Nimm sogleich
Weg den Schnee!

Winde, bringt
Warme Luft!
Vöglein, singt,
Jubelt, ruft!

Blümlein, blüh'!
Bienlein, summ'!
Sonne, glüh'
Um und um!

Dass nun bald
Frühling ist,
Wies' und Wald
Grün ersprießt!

■ Dieses kurze, vom Rhythmus aus gesehen wirkungsvolle Gedicht sollte unseren Frühlingsreigen einleiten.

Irgendwie gelang es mir nicht besonders gut, ihn ins rechte Gefühl zu bekommen. Auch bei den Ausführungen der Gesten kam ich mir plump vor und fühlte mich unsicher. Schließlich stellte sich immer mehr das Gefühl ein, dass die Verse flach seien, obwohl er mir doch von der bilderreichen Wortwahl her gelungen erschien. Die Kinder waren unaufmerksam und machten nicht so mit, wie ich es sonst bei den rhythmischen Versen gewohnt war. Woran lag das?

Beim Erüben hielt ich den Rhythmus für einen Anapäst v v –. Dadurch wurde er langweilig. Die Betonung am Ende wollte nicht passen. Die vielen Tätigkeitsworte am Schluss der Zeilen könnten die Kinder zwar zum Tun animieren, so dachte ich. Doch das Gedicht, im Anapäst gesprochen, wurde grob, marschähnlich und passte so überhaupt nicht zu der fröhlich-luftigen Frühlingsstimmung. Nach einer

Woche ließ ich diesen Vers weg. Die Kinder hatten keine Freude an ihm, das merkte ich deutlich. Und auch mir selber erging es ähnlich.

Der Dichter korrigierte mich. Und schon war das Gedicht wie verwandelt. Am Anfang die Länge, die Kürze in der Mitte, das brachte die gewünschte Leichtigkeit. Nun war es viel einfacher, mit den Zeilen umzugehen. Die Gebärden fügten sich harmonisch in das Geschehen ein. Als ich den nun rhythmisch veränderten Vers mit den Kindern ausprobierte, machten diesmal alle lebendig und fröhlich mit.

Das war ein wichtiges Erlebnis für mich und zeigte mir deutlich, wie unharmonisch und abstoßend ein Rhythmus wirken kann, wenn er nicht richtig erkannt und angewendet wird, und wie sensibel und ganz normal die Kinder darauf reagieren und einfach nicht mitmachen, aussteigen.

Klingen Verse leierig oder langweilig, kann es am nicht gegriffenen oder falsch erfassten Rhythmus liegen. Wir wundern uns dann, wenn der Kinderkreis keine Freude am Reigen hat.

Es lohnt sich also, bevor man einen Vers bei den Kindern einführt, sich gut mit dem Rhythmus dieses Verses vertraut zu machen. ■

jonikus v v – –

Wenn der Hund bellt
Und die Katz' jault
Und der Trotzkopf
Einfach losmault,
Kommt die Wunschfee
Von dem Waldsee.

In dem Lichtschein
Muss man still sein.
Und das Kind fragt,
Was es tun soll.
Denn das Herz lacht
Und ist freudvoll.

■ Anne, ein Vorschulkind mit eigenen, konkreten Vorstellungen, reagiert schnell unwillig, wenn sie etwas anderes möchte als für die Gruppe ansteht. Es dauert oft lange, bis ich sie von meinem Vorhaben überzeugen kann. In einer solchen Situation schaute ich sie freundlich an und sprach wie nebenbei, so wie der Rhythmus mich führte, den Spruch:

Wenn der Hund bellt
Und die Katz' jault
Und der Trotzkopf
Einfach losmault,
Kommt die Wunschfee
Von dem Waldsee.

Hier machte ich eine Pause, da mir der weitere Text nicht gleich einfiel. Anne sprang gleich darauf an und wollte wissen, wie es weitergeht. Sogleich entstand eine entspannte Stimmung zwischen uns, der Trotzkopf war weg. Und weil mir eben der Text entfallen war, dichteten wir einfach zusammen weiter.

Der anfänglich durch die beiden Kürzen sehr tätige Rhythmus, in dem sich der Trotzkopf noch ausdrückt, beruhigt sich besonders in der zweiten Länge. Und das griff Anne nicht nur sofort auf, sondern spielte gleich mit.

Ähnlich war es mit einem viereinhalbjährigen, oft verstockten Jungen, Dorian. Als er wieder mit seinen üblichen Kommentaren, wie «Ich geh' nach Hause, ich will zur Mutti ...» ankam, schaute ich ihn erstaunt an und fing an, ganz aufmerksam auf ihn gerichtet, den obigen Spruch wie eine Geschichte zu erzählen:

Wenn der Hund bellt ...

Dorian war sofort still, hörte aufmerksam zu, und danach war die Sache erledigt.

Mit den folgenden einfachen vier Zeilen kann ich in einem Kreis vor der Geschichte oder Ähnlichem eine entspannte Ruhe erzeugen. Dabei lege ich den Finger an den Mund und spreche leise und ruhig:

Ist das Spiel aus,
Kehrt die Ruh ein,
Wollen Arm, Bein
Einmal still sein.

Während des Aufräumens gehe ich in die einzelnen Ecken des Saales, in denen mir die Kinder helfen sollten, und spreche mit leicht singender Stimme folgende Worte:
Wie der Wind schnell,
Wie der Bergquell
Alles rein macht
Und am End' lacht ...

Mit der beruhigenden, auslaufenden Geste des Rhythmus kann man ein friedliches Aufräumen bewirken und die jeweiligen Kinder in ein Tun mit hineinnehmen. ■

Epitrit – v – –

■ Am Frühstückstisch, bei einem lebhaften Gespräch, ergab es sich, dass unser gemeinsames Thema für Fasching sein sollte: ein großes Jahrmarktfest. Wir überlegten eifrig, was wir verkaufen könnten, wobei ich die Aufmerksamkeit auf den Verkauf handwerklicher Waren lenkte, die wir selbst herstellen könnten: schöne Bänder, kleine Filztaschen, Blumentöpfe, die wir mit Zwiebeln bepflanzen konnten, Töpferwaren und natürlich eine Bäckerei. «Dann können wir Würstchen essen», rief ein Kind. Also wurde beschlossen, dass wir Brötchen backen und kleine Würstchen essen werden. Schon bald begannen wir mit den Vorbereitungen, denn es sollte ein kleines Angebot zum Verkauf bereit stehen. Vor allem waren die Schneider tüchtig.

Als Jahrmarktreigen fehlten mir Verse für die einzelnen Gewerke. Ich gab sie bei unserem Hofdichter in Auftrag.

Kommt, o kommt, Leut'!
Bänder gibt's heut'!
Rot und grün, blau,
Gelb, orange, grau,
Lang und kurz. Seht,
Wie es bunt weht.
Kommt, o kommt, Leut'!
Bänder gibt's heut'!

Kommt, o kommt, Leut'!
Krüge gibt's heut'!
Näpfe, groß, klein,
Passt gar viel rein.
Vasen, eng, weit,

Becher, hoch, breit.
Kommt, o kommt, Leut'!
Krüge gibt's heut'!

Kommt, o kommt, Leut'!
Würstchen gibt's heut'!
Heiß mit Senf! Fein
Schmeckt das Würstlein.
Und dazu ein
Knusprig's Brötlein
Kommt, o kommt, Leut'!
Würstchen gibt's heut'!

Kommt, o kommt, Leut'!
Taschen gibt's heut'!
Fest genäht. Seht
Wie das Näh'n geht.
Die aus Stoff sind
Für das lieb' Kind.
Ledern sind die,
Reißen gar nie.
Kommt, o kommt, Leut'!
Taschen gibt's heut'!

Kommt, o kommt, Leut'!
Kuchen gibt's heut'!
Krapfen, süß, rund!
Freu'n sich Gaum', Mund.
Brezel, Brot braun!
Musst gar gut kau'n.
Kommt, o kommt, Leut'!
Kuchen gibt's heut'!

Beim ersten Lesen erschienen mir die Verse schwer und gesetzt, was sich aber nach mehrmaligem lautem Sprechen änderte. Durch die Wiederholungszeilen waren sie schnell einprägsam.

Dem Refrain gab ich eine ganz einfache Melodie:

v v –, Anapäst, als Refrain
Leute wisst,
Jahrmarkt ist!
Kommt herbei
eins, zwei, drei.

Da und dort,
jeder Ort
überrascht!
Kauft und nascht!
Budenfest
Froh sein lässt.

Gerne wollte ich die Kinder auf das Thema einstimmen. Wie aber sollte ich die Verse einführen? Wir waren noch beim Winterreigen. Unser Kasper «Querolin» kam mir zu Hilfe. Einige Tage ließ er sich bei uns nicht blicken, und ich erzählte, er sei verschwunden, aber ich wüsste nicht, aus welchem Grund. Nach ein paar Tagen war er wieder da.

«Stellt euch vor», sagte ich, «aus einer Tasche an meiner Garderobe stiegen leichte Rauchfäden. Des Kaspers Kopf qualmte. Und als ich ihn fragte, was er da Anstrengendes tat, meinte er, er habe für unseren Jahrmarkt Verse gedichtet. Ich sollte sie aufschreiben, und er wolle sie den Kinder vortragen.

Etwa zwei Wochen vor dem Faschingsfest saßen wir im Stuhlkreis, der Kasper zog die kleinen, bemalten Zettelchen mit den einzelnen Versen heraus und las vor. Alle hörten aufmerksam zu. Nach dem Frühstück flüsterte mir ein Mädchen ins Ohr, sie wolle doch zum Fasching als Fee kommen und ob der Querolin nicht für sie einen Spruch habe. Und ein Junge bat, er wolle doch Kutscher und seine zwei Schwestern die Pferdchen sein. Er möchte auch einen Spruch haben. Also schickte ich diese Bitten in die Ferne zum Dichtermeister, und es kamen diese feinen Verse zustande. Stolz stellte der Kasper auch sie vor.

Bin die Waldfee.
Komm vom Waldsee,
Bringe Licht fein
Hier zur Stub' rein.
Zaubre Wunschtraum,
(Zaubre Traumwelt.)
Seht den Lichtraum.
(Licht sich fein hellt.)
Bin die Waldfee.
Komm vom Waldsee.
Holla! Pferd, lauf'!
Straße ab, auf!
Peitsche knallt: Peng!
Kutscher ruft streng.
Wagen, fahr' an.
Pferdchen zieh'n kann.
Holla! Pferd, lauf'!
Straße ab, auf!

Jeden Tag, zur selben Zeit, las er die Sprüchlein vor. Den Refrain konnten alle Kinder gleich mitsingen. Vor allem war Anne (sechs Jahre alt) überglücklich, als sie ihren Feenspruch vernahm. Sie war ein Kind, das ganz tief in die Märchen eintauchen konnte. Die Bilder in ihrem Sprüchlein regten sie gleich an: Sie brauchte einen Feenstab zum Zaubern und fragte, wo sie denn wohnen sollte, was sie als Fee denn tun könne. Etwas nüchtern meinte ich, dass die Bänderstube sicher viele Hilfe bräuchte. Die Fee könne sich doch eine Schürze zaubern. Außerdem müsse sie für alle das Licht zaubern, damit die Stuben hell leuchten könnten. Damit war sie einverstanden.

Kutscher und Pferd hatten nun auch ihren Spruch, und es gab sogar einen für das Kasperle.

Kommt, o kommt, Leut'!
Kasperl turnt heut'!
Riesenrad dreht,
Über'n Markt, seht!
Jetzt ein Seilsprung!
Hei, das macht jung!
Kommt, o kommt, Leut'!
Kasperl turnt heut'!

Der Rhythmus schien den Kindern sehr eingängig. Die Drei- bis Vierjährigen benutzten im Spiel die Wiederholungszeilen: «Kommt, o kommt, Leut ...», dichteten selber weiter z.B. «Fische gibt's heut.» (Sie angelten gerade.) Einmal fehlte «Querolin» ein Zettelchen mit dem Kutschervers. Da begann die Kleinste aus der Gruppe (drei Jahre alt), ein sehr aufgewecktes Kind, den Vers herzusagen. Zu meinem Erstaunen fragten die Kinder jeden Tag, ob der

Kasper wieder die Sprüche vorlese. Geduldig saßen sie da und hörten zu. Manchmal hörte ich auf zu sprechen, um sie aufzufordern, allein weiterzusprechen. Mit Freude taten sie das auch.

Einen Tag vor Fasching hatte der «Querolin» wieder eine Überraschung in seiner Tasche. Für jedes Kind hatte er eine Pappbüdchenkette mit dem passenden Spruch darauf gefertigt. Alle strahlten. Und noch bis heute tragen manche Kinder diese Kette um den Hals.

Dem größten Jungen gefiel der Würstchenvers zu gut. Er musste unbedingt im letzten Moment vom Kutscher zum Würstleinverkäufer umschwenken. Alle Vorbereitungen für das Fest waren in vollem Gange, und endlich war der Faschingstag da. Zwei Jungen kamen zu meiner Überraschung als Bauarbeiter. Mir selber war nun der Rhythmus so vertraut, dass ich noch schnell einen Vers für sie dichtete:

Kommt, o kommt, Leut'!
Arbeit gibt's heut,
Bau'n mit Stein, seht!
Gleich das Haus steht.
Fenster hoch, breit,
Tür und Tor weit.
Kommt, o kommt, Leut'!
Arbeit gibt's heut.

Das eigentliche Verkaufsspiel entwickelte sich erst zum Ende des «Freispiels» hin, da jeder noch in seinen Buden zu tun hatte, vor allem die Bäcker und Gärtner. Als Schneider saß ich auf einem großen Kissen, ziemlich in der Mitte des Jahrmarktplatzes. Leise begann ich, zwischendurch den Refrain zu singen, der zum Verkaufen und Spielen anregen sollte.

Tatsächlich klappte das, und ich bekam auch meine kleinen Bestellungen gebracht.

Der eigentliche Höhepunkt des Faschings war der Jahrmarktreigen. Freudig kamen alle zusammen in den Kreis. Selbst Kinder, die sich sonst gerne im Reigen zurückhaltender bewegen und sprechen, strahlten übers ganze Gesicht und sprachen und sangen alles mit. Zuerst sangen wir den Refrain, der sich nach jedem Handwerkervers wiederholte, bis alle mit ihrem Vers an der Reihe waren.

Ausführung: Handfassen im Kreis; mit dem Refrain «Leute, wisst, Jahrmarkt ist! ...» begannen wir und liefen abwechselnd in den Innenkreis und wieder nach außen. Einzeln, getrennt nach Berufung, durften die Kinder in ihren Kostümen, ihren Vers sprechend, in den Innenkreis laufen und sich mit ihren zart angedeuteten Gesten vorstellen. Für die kleineren Kinder ist es eine mutige Aktion, man begleitet sie als Erwachsener oder schickt ein größeres Kind mit. Zum Schluss kam der Kasper mit mir in den Kreis und durfte auf meinem Arm hüpfen. Danach hatte ich den Eindruck, dass alle sehr zufrieden waren.

Dieser Faschingsreigen animierte durch die Wortbilder und den Rhythmus. Er trug uns über die ganze Festeszeit. Der Rhythmus gibt einen Anstoß und lässt wieder locker. Er macht auf für ein Neubeginnen, wie eine Einladung. Er hat auch etwas Verbindendes, was zur Gemeinschaftsfindung führt. Die drei Längen machen innerlich stark, sodass jedes Kind das nötige Selbsterleben finden konnte, das zu den Handwerken so recht gehört. Der Rhythmus schafft gleichsam einen Innenraum, der von der kindlichen Fantasie für die jeweilige Rolle kräftig ausgekostet werden konnte. Er fordert auf, z.B. zum Essen oder Einkauf, und lässt wieder frei. Sprache und Bildinhalte in den Versen sind kräftig und ausdrucksstark, regen die Fantasie an, lassen aus dem Alltagsleben etwas wiedererkennen und nachvollziehen, worauf Kinder gleich ansprechen, wie Brötchenbacken, Nähen, das Drehen der bunten Bänder usw., und lassen Freude an den Wörtern empfinden, z.B. bei «heiß, mit Senf fein, schmeckt das Würstlein», «Brezel, Brot braun, musst gar gut kau'n», «Blumen – duftfein». Auch der Humor darin ist nicht zu vergessen. Dieses vertraute Wiedererkennen, getragen von dem ruhigen Rhythmus und dem, was im Vers inhaltlich lebt, führt dazu, dass sich die Kinder tief mit der Sprache verbinden. Das profane Alltagsleben ist in eine künstlerische Form gebracht, in eine gehobenere Sprache.

Außerdem konnte, einmal individuell, jedes Kind seiner Neigung nach berücksichtigt werden. Es fühlte sich ins ganze Geschehen eingebunden und hatte seinen sicheren Platz im Tagesablauf. Das ist wichtig, weil die Kinder viel zu schnell mit den Aktivitäten und Vorstellungen des Erwachsenen überfordert werden.

Nebenbei beobachtete ich, wie die Kinder selber vermehrt zu reimen beginnen und zu lauschen, welche Wörter auf einen Rhythmus passen.

Verbinden wir das praktische Leben mit einer gehaltvollen, bildreichen, schönen Sprache und unterlegen ihr diesen getragenen, aber doch freilassenden Rhythmus, der eine Sicherheit ausstrahlt, so legen wir einen Keim in das Menschenkind für ein künstlerisches Empfinden seiner eigenen Muttersprache. ■

Abschließend zu den rhythmischen Beispielen werden noch einige Gedanken hingestellt, die für die Arbeit im Kindergarten wie ein Leitmotiv angesehen werden können. Zunächst sei ein Hinweis Rudolf Steiners angeführt, der die besondere Qualität der Rhythmen in überraschender Weise hervorhebt. Im Vortrag vom 28. Juni 1921 in Bern sagt er:

«Sobald wir in das luftige Element kommen, haben wir da die Wesenheiten, die wir als Angeloi, Archangeloi und so weiter beschreiben. Da kommen wir in das konkrete geistige Weltenwesen hinein. Da kommen wir auch in eine Welt hinein, die wir zugleich moralisch und physisch begreifen können. Man sieht es nur nicht, weil man sich heute den Blick benebelt, dass aus derselben Welt, aus der real zum Beispiel das Versmaß heraustönt, auch die reale Moral heraustönt. In der Welt, in der die sechsundsiebzig Elemente sind, ist allerdings nicht der Ursprung der Moral; aber da ist auch nicht das vom Menschen enthalten, was den Menschen belebt; auch in der Welt, die kosmisch-räumlich ist, in der Welt, die vom Elemente des Wassers beherrscht wird, ist noch nicht die moralische Welt. Aber in dem Augenblicke, wo wir das rhythmische Element betreten, kommen wir zugleich in die Welt des Moralischen hinein. Und vor dieser Aufgabe steht der Mensch der Gegenwart, die moralische Welt wiederum als eine reale zu erkennen, zu erkennen, dass derselbe Stoff oder dieselbe Substanz, woraus sein astralischer Leib geformt ist, enthalten ist in den moralischen Ideen. Dieselbe Substanz, aus der unser Ich geformt ist, ist enthalten in den religiösen Ideen und in dem religiösen Ideal.»[5]

Damit erscheinen die Rhythmen als eine Ausdrucksform moralischer Kräfte. Ich kann also, ohne moralisieren zu müssen, einfach durch die verschiedenen Rhythmen moralische Impulse an das Kind heranbringen. Diese wirken durch die Verse im Kind und können dann später als ein Seelengut in freier Weise wirksam werden.

Ein weiterer wesentlicher Gesichtspunkt ergibt sich aus dem Folgenden:

- Warum setzen wir im Kindergarten den Rhythmus ein, schieben ihn gleichsam dem Motiv unter, das vordergründig besteht? Hierzu war mir immer eine Äußerung Rudolf Steiners wesentlich, worin er uns darauf hinweist, dass der Erziehungsweg ein indirekter ist. Man muss den Boden bereiten, damit die Kinder selbstständig ihre Bedürfnisse entdecken können. Im Vortrag vom 22.12.1909 in Berlin führt Rudolf Steiner aus:

  «Wir müssen, falls wir ein Kind erziehen wollen, sozusagen indirekt an das Kind herantreten, wenn wir glauben, dass es diese oder jene Eigenschaft sich aneignen soll. Da sollte man nicht dafür sorgen, diese oder jene Eigenschaft dem Kinde einzupfropfen, sondern man muss zuerst ein Bedürfnis erregen für diese Eigenschaft, ein Verlangen in dem Kinde erregen, diese Eigenschaft sich anzueignen. Wir müssen also dabei um einen Grad weiter zurückgehen. Wir müssen sogar, wenn wir wissen, es ist einem Kinde dieses oder jenes als Speise gut, sie ihm nicht aufzwingen, sondern dafür sorgen, dass es zuerst Geschmack dafür empfindet, so dass es selbst diese Speise verlangt. Wir müssen Verlangen und Begierde regeln, damit das Kind von sich aus verlangt, was für es gut ist. Das ist eine andere Art als die, alles wie in einen Sack hineinzupacken und zu sagen: Also hinein damit! – Wenn wir also zuerst die Bedürfnisse regeln, treffen wir den Lebenskern des Kindes; und dann werden wir sehen, dass sich das in der zweiten Hälfte des Lebens karmisch erfüllt, indem der Mensch wiederum ausstrahlt Lebensfreude, Lebenskraft, dass ein solcher Mensch in der zweiten Lebenshälfte nicht dürr und trocken ist, sondern lebendig bleibt aus dem Zentrum seines Wesens heraus.»[7]

Diese Worte sind mir im Zusammenhang meiner ganzen Arbeit sehr wichtig. Sie bestärken mich darin, in den verschiedensten Momenten des Alltags Verse, Rhythmen, schöne Sprache zu verwenden, möglichst mit eigener Freude verbunden. Natürlich spielen die verschiedensten Rhythmen dabei eine Rolle, die jeweils ein bestimmtes Lebensgefühl, einen bestimmten Willensimpuls entwickeln sollen. Die Sprache und der Rhythmus sind dabei so hilfreich wie eine kleine Figur, ein Kasper oder Ähnliches, durch die ich spreche. ■

Die Wiederholungen in den Kinderversen

Wenn in der folgenden, etwas weiter ausholenden Darstellung zunächst Betrachtungen angestellt werden, die ein Bewusstsein für die sprachlichen Formen der Wiederholungen bilden können, so möge das in keiner Weise die spielerisch-intuitive Arbeitsweise im Kindergarten beeinträchtigen. Die eingestreuten Beispiele aus der täglichen Arbeit mit den Kindern mögen etwas von der spielerischen Lebendigkeit wiedergeben, ohne die es im Kindergarten gar nicht geht. Hier geht es darum, ein Bewusstsein davon zu bekommen, wie in den Wiederholungsformen kosmische Kräfte wirken, die das Kind aufbauen. Ein bewusster Umgang mit den Wiederholungskräften kann allmählich zu einer freien künstlerischen Gestaltung der Sprache führen.

Es gibt heute eine Fülle von Büchern mit Kinderversen auf dem Markt. In jedem Buch sind die Sprüche nach eigenen Gesichtspunkten gesammelt und geordnet. Offensichtlich hat man ein Gespür dafür, dass in diesen simplen Zeilen etwas verborgen ist, was für unsere Kinder wichtig sein kann. Unter all den vielen Veröffentlichungen ist mir ein Buch aus dem Jahre 1911 mit dem Titel *Deutsches Kinderlied und Kinderspiel* von Johann Lewalter in die Hände gekommen,[8] das in bester Weise geeignet ist, einen Einblick in die Sprach- und Spielwelt der Kinder zu geben – in einer Zeit, da das Kinderspiel noch gesund war.

Nach einem gewissen Einlesen kann einem zuerst auffallen, dass es kaum Sprüche gibt, in denen nicht in irgendeiner Weise Wiederholungen vorkommen – angefangen bei den Auszählversen, die so oft wiederholt werden, bis das letzte Kind im Kreis übrig bleibt, bis zu den Reigenspielen, in denen singenderweise Motive viele Male immer wieder kommen. Da muss die Frage auftauchen, was es mit diesen Wiederholungen wohl auf sich hat. Oft sind die Inhalte ganz banal, unwesentlich. Ihr einziger Sinn scheint darin zu liegen, eine Voraussetzung für das Spiel zu geben. Und dann scheint es noch wichtig zu sein, dass man sich klarmacht: Diese Verse sind den Kindern nicht von den Erwachsenen zum Spielen gegeben worden, sondern wurden von Kindergeneration zu Kindergeneration im Spiel weitergegeben. Ältere Menschen haben das selbst noch in ihrer Kindheit erlebt. Heute haben sich die Lebensverhältnisse so verändert, dass dieser Kinderschatz nur noch erhalten bleibt, wenn er von den Erwachsenen, z.B. den Erzieherinnen, vermittelt wird.

Mit diesen Kindersprüchen und -liedern muss etwas zusammenhängen, was mit dem ureigensten Spielbedürfnis der Kinder zu tun hat, sonst wäre alles längst verloren gegangen. Es muss beim gesunden Kind geradezu ein Bedürfnis nach solchen Dingen bestehen.

Die Kranzwiederholung

Um sich dem Wesen der Wiederholung zu nähern, sei ein Kinderspiel angeführt, das heute in der Form vielleicht gar nicht mehr verwendet werden kann – weil es in seiner minimalen Abwechslung so extrem ist –, das aber gerade wegen seiner extremen Seite etwas verdeutlichen kann.

Zeigt mir eu - re Fü - ße,
zeigt mir eu - re Schuh', seht den
flei - ßi - gen Wasch - frau - en zu. Sie
wa - schen, sie wa - schen, sie wa-schen den gan - zen
1 2
Tag, sie Tag. Zeigt mir eu - re Fü - ße,
zeigt mir eu - re Schuh', seht den
flei - ßi - gen Wasch - frau - en zu.

Zeigt mir eure Füße, zeigt mir eure Schuh', seht den fleißigen Waschfrauen zu.
Sie waschen, sie waschen, sie waschen den ganzen Tag,
Sie waschen, sie waschen, sie waschen den ganzen Tag.
Zeigt mir eure Füße, zeigt mir eure Schuh', seht den fleißigen Waschfrauen zu.

Zeigt mir eure Füße, zeigt mir eure Schuh', seht den fleißigen Waschfrauen zu.
Sie wringen, sie wringen, sie wringen den ganzen Tag,
Sie wringen, sie wringen, sie wringen den ganzen Tag.
Zeigt mir eure Füße, zeigt mir eure Schuh', seht den fleißigen Waschfrauen zu.

Zeigt mir eure Füße, zeigt mir eure Schuh', seht den fleißigen Waschfrauen zu.
Sie hängen, sie hängen, sie hängen den ganzen Tag,
Sie hängen, sie hängen, sie hängen den ganzen Tag.
Zeigt mir eure Füße, zeigt mir eure Schuh', seht den fleißigen Waschfrauen zu.

Zeigt mir eure Füße, zeigt mir eure Schuh', seht den fleißigen Waschfrauen zu.
Sie trocknen, sie trocknen, sie trocknen den ganzen Tag,
Sie trocknen, sie trocknen, sie trocknen den ganzen Tag.
Zeigt mir eure Füße, zeigt mir eure Schuh', seht den fleißigen Waschfrauen zu.

Zeigt mir eure Füße, zeigt mir eure Schuh', seht den fleißigen Waschfrauen zu.
Sie bügeln, sie bügeln, sie bügeln den ganzen Tag,
Sie bügeln, sie bügeln, sie bügeln den ganzen Tag.

Zeigt mir eure Füße, zeigt mir eure Schuh', seht den fleißigen Waschfrauen zu.

Zeigt mir eure Füße, zeigt mir eure Schuh', seht den fleißigen Waschfrauen zu.
Sie schwatzen, sie schwatzen, sie schwatzen den ganzen Tag,
Sie schwatzen, sie schwatzen, sie schwatzen den ganzen Tag.
Zeigt mir eure Füße, zeigt mir eure Schuh', seht den fleißigen Waschfrauen zu.

Zeigt mir eure Füße, zeigt mir eure Schuh', seht den fleißigen Waschfrauen zu.
Sie trinken, sie trinken, sie trinken den ganzen Tag,
Sie trinken, sie trinken, sie trinken den ganzen Tag.
Zeigt mir eure Füße, zeigt mir eure Schuh', seht den fleißigen Waschfrauen zu.

Zeigt mir eure Füße, zeigt mir eure Schuh', seht den fleißigen Waschfrauen zu.
Sie schlafen, sie schlafen, sie schlafen den ganzen Tag,
Sie schlafen, sie schlafen, sie schlafen den ganzen Tag.
Zeigt mir eure Füße, zeigt mir eure Schuh', seht den fleißigen Waschfrauen zu.

Zeigt mir eure Füße, zeigt mir eure Schuh', seht den fleißigen Waschfrauen zu.
Sie tanzen, sie tanzen, sie tanzen den ganzen Tag,
Sie tanzen, sie tanzen, sie tanzen den ganzen Tag.
Zeigt mir eure Füße, zeigt mir eure Schuh', seht den fleißigen Waschfrauen zu.

Volksgut

Ganz bewusst geben wir bei diesem Spiel den ganzen Text wieder, um im Bilde wenigstens etwas vom Ausmaß der Wiederholungen zu zeigen. Als rationaler moderner Mensch würde man natürlich nur einmal die Zwischenzeile eines Verses schreiben: «Sie wringen, sie wringen, sie wringen den ganzen Tag» und dann nur noch einmal die jeweilige Einschiebung: «Sie hängen, sie trocknen …» Aber gerade daran wird sichtbar, dass es dem Kind gar nicht auf den intellektuellen Gehalt, wohl aber auf die Wiederholung ankommt. Zwanzigmal wird die erste Zeile wiederholt, sechsmal die jeweilige eingeschobene Tätigkeit, ohne dass dabei für das Kind irgendwelche Langeweile entsteht. Wir meinen heute, wir müssten das Kind früh mit Wissen vertraut machen, es belehren. Das Kind hat aber ganz andere Bedürfnisse. Es ist noch in der Wachstumsphase des Körperaufbaues und hat damit genug zu tun. Auch ohne unser Zutun lernt es jeden Tag Neues. Wenn ihm dieses Neulernen selbst überlassen wird, so wird es instinktiv das richtige Maß des Neuaufnehmens finden, das ihm nicht schadet. Überfrachten wir das Kind intellektuell, so ziehen wir ihm Kräfte ab, die der Leibesbildung dienen wollen. Es beginnt zu verkümmern.

Um das obige Spiel ganz zu beschreiben, ist noch Folgendes anzuführen: Die Kinder bilden einen Kreis und singen, ohne sich im Kreis herumzubewegen. Während des Singens strecken sie die Füße abwechselnd nach innen: Zeigt mir – rechter Fuß, eure Füße – linker Fuß usw. Bei den Tätigkeiten der Waschfrauen führen sie die Aktivitäten jeweils aus: das Waschen, das Wringen … Die Freude an der Bewegung, am Singen und an der Wiederholung ist es, die das Kind sucht. Die Bilder sind alltägliche, die sie auch ohne ihr Spiel kennen. Sie werden als Bewegung nachgeahmt. Das Alltägliche wird zum Spiel erhoben. Das Profane wird poetisiert.

Nur ein kurzer Blick ins Leben des Erwachsen kann zeigen, was die Wiederholung als rhythmisches Element im Leben bedeutet. Wenn die regelmäßigen Mahlzeiten einmal nicht stattfinden können, so bringt dies sogleich eine größere Ermüdung mit sich. Noch stärker ist dies bei unregelmäßigen Schlafenszeiten zu bemerken. Menschen, die berufsmäßig ein unrhythmisches Leben führen müssen, erleiden, auf Dauer gesehen, Schaden an ihrer Gesundheit. Nur ausgleichende Rhythmen können da helfen. So braucht das Kind aus einem gesunden Bedürfnis heraus im Spiel die Rhythmen der Wiederholungen, um sich in gesunder Weise entfalten zu können.

Ein genaueres Betrachten der Wiederholungsformen wird nun zeigen, wie darin keine Zufälligkeiten liegen. Es wirken unterschiedliche Kräfte in den unterschiedlichen Wiederholungsweisen.

Sucht man in der Sprachkultur der Menschheit nach vergleichbaren Texten, so gelangt man erstaunlicherweise zu den ältesten Kulturen der Menschheit. Es könnten Bücher gefüllt werden mit meist kultischen Texten, die von vielfältigsten Wiederholungsformen bestimmt sind. Man braucht nur bei den altindischen Veeden, in den Totenbuchern vieler Kulturen nachzusehen. Und selbst in frühchristlichen und mittelalterlichen religiösen Dichtungen lassen sich Beispiele in Fülle finden. Dies näher zu beschreiben würde den Rahmen unserer Darstellung sprengen. Daher sei nur ein Beispiel aus dem Ägyptischen gebracht, das dem obigen Kindervers sehr ähnlich ist. Es ist ein etwa fünftausend Jahre alter Text.

Sonnengesang

Du erwachst in Frieden
Gereinigter in Frieden –
Du erwachst in Frieden
Östlicher Horus in Frieden –
Du erwachst in Frieden
Östliche Seele in Frieden –
Du erwachst in Frieden
Horizontischer Horus in Frieden –

Du schläfst in der Nachtbarke
Du erwachst in der Tagesbarke –
Denn Du bist der, der über die Götter hinwegblickt –
Kein Gott blickt über Dich hinweg.

Nimmt man im ersten Teil des Spruches zwei Zeilen zusammen, so hat man das Motiv des Friedens als Wiederholung, das den «Gereinigten» umschließt. Im Kindervers schließt das Motiv «Zeigt mir eure Füße, zeigt mir eure Schuh', seht den fleißigen Waschfrauen zu» die jeweilige Tätigkeit des Waschens, Hängens, Wringens ein. Der Unterschied liegt im Inhaltlichen. Im ägyptischen Sonnengesang wollen sich die Menschen zum Sonnengeist erheben, sich mit den Göttern, der Geisteswelt verbinden. Im Kinderspruch wollen die Kinder tüchtige Erdenmenschen werden und wählen sich natürlich handfeste Motive.

Die Wiederholungsform aber ist dieselbe: Ein Motiv A umschließt immer wieder ein sich veränderndes Motiv B C D E. Wir nennen diese Wiederholungsform «Kranzwiederholung», weil sie nichts Lineares, sondern einen seelischen Innenraum bildet. Das eingeschlossene Motiv wird wie von

einem Kranz umgeben. Schematisch könnte man das in folgender Weise darstellen:
A B A / A C A / A D A / A E A ...

Als seelische Geste wird an den beiden Beispielen sichtbar, dass ein Gleichbleibendes ein Neuhinzutretendes umschließt, umhüllt. Damit wird das Letztere zu etwas Besonderem erhoben. Dies lässt sich vergleichen mit unserem Leben, indem wir in unserer sich kaum verändernden, gleichbleibenden Wohnung einen Gast empfangen. Wir bereiten uns darauf vor, dass dieses besondere Ereignis ein Fest werden kann. So erhält in dem ägyptischen Spruch der Sonnengott immer neue, wesenhafte Namen. Im Kindervers kann man spüren, wie sich die Kinder voller Erwartung darauf freuen, eine neue Tätigkeit ausüben zu dürfen.

Hier seien Worte von Caroline von Heydebrand eingefügt, die das Ausgeführte erweitern sollen: «In der Pflanzenwelt wirken die Bildekräfte so, dass sie in der Wiederholung schaffen, Trieb auf Trieb hervorgehen lassen, Blatt auf Blatt usw. Wiederholung in rhythmischen Abständen beobachtet man da. Auch das Kind hat noch nicht die Möglichkeit, einen einmaligen Entschluss zu fassen und dabei zu bleiben, es verlangt nach Wiederholung für die Entwicklung seines sittlichen Lebens. Immer wieder mit Geduld dasselbe sagen, dasselbe erzählen: das Kind auch immer dasselbe möglichst täglich zur selben Zeit tun lassen, das erzieht das Willensleben des Kindes. Gütige Geduld und rhythmische Gestaltung des täglichen Lebens sind überhaupt das A und O der Erziehung.»[9]

Oder ein Hinweis Rudolf Steiners in dem Vortragszyklus über das Markus-Evangelium: «Dann werden Sie an die Buddha-Reden gehen und sagen: da drinnen ist doch alles so, dass es unmittelbar zum menschlichen Gemüt spricht: aber dahinter ist etwas, was diesem Gemüt sich entzieht und einer höheren Welt angehört. Daher auch jene eigentümliche, für den gewöhnlichen Verstandesmenschen anstößige rhythmische Bewegung in den Wiederholungen der Buddha-Reden, die wir gerade dann zu verstehen beginnen, wenn wir aus dem Physischen ins Ätherische hineinkommen, welches das nächste Übersinnliche hinter dem Sinnlichen ist. Wer da versteht, wie vieles im Ätherleibe wirkt, der hinter dem physischen Leib ist, der versteht auch, warum vieles in den Reden des Buddha sich immer wieder und wieder wiederholt.»[10]

Hier macht uns Rudolf Steiner darauf aufmerksam, dass die besondere Wirkung der Wiederholungen im Bereich des Lebens-, des Bildekräfte- oder Ätherleibes liegt. Dieser arbeitet sich beim Kind bis zum Zahnwechsel immer mehr in den physischen Leib hinein und baut ihn gleichzeitig auf. Mit den Wiederholungen ernährt man gleichsam den Ätherleib. Mit dem Intellekt, der mit dem Astralleib zusammenhängt, trocknet man den Ätherleib aus. Vom Intellekt aus gesehen sind die Wiederholungen unsinnig. Ihm genügt die einmalige Feststellung eines Inhaltes. Der Ätherleib liebt das Immerwiederkehrende. Wir kennen das alle vom Auswendiglernen eines Gedichtes. Nur durch das immerwährende Wiederholen desselben Textes nimmt unser Gedächtnis den Stoff auf. Das Gedächtnis ist aber die Schatztruhe des Ätherleibes. So ist es mit allen Wiederholungen. Wenn sie Gutes beinhalten, bauen sie den Ätherleib auf.

Bei dem obigen Beispiel konnte festgestellt werden, dass ein Gleichbleibendes mit jeder neuen Strophe etwas Neues aufnimmt. Damit aber ist ein ganzer Typus von Kinderversen charakterisiert. Unter den vielen meist gesungenen

Versen sei noch ein Beispiel angeführt, das die Spiel- und Sprachfreude des Kindes erkennen lässt.

Hans Michel, der wohnet //:auf der Lämmer-
Lämmerstraß':://,
//:kann machen, was er will://.
Er machte sich 'ne Geige.
Violine, Violine macht die Geige,
Viovioline, Viovioline, la la la la la la la.

Hans Michel, der wohnet //:auf der Lämmer-
Lämmerstraß':://,
//:kann machen, was er will://.
Er machte sich 'ne Schelle.
Kling kling kling, kling kling kling macht die Schelle;
Violine, Violine macht die Geige,
Viovioline, Viovioline, la la la la la la la.

Hans Michel, der wohnet //:auf der Lämmer-
Lämmerstraß':://,
//:kann machen, was er will://.
Er machte sich 'ne Trommel.
Tromm tromm tromm, tromm tromm tromm macht die
Trommel,
Kling kling kling, kling kling kling macht die Schelle;
Violine, Violine macht die Geige,
Viovioline, Viovioline, la la la la la la la.

Hans Michel, der wohnet //:auf der Lämmer-Lämmer-
straß':://,
//:kann machen, was er will://.
Er machte sich 'ne Pfeife.

Zimberlim, Zimberlim macht die Pfeife;
Tromm tromm tromm, tromm tromm tromm macht die Trommel,
Kling kling kling, kling kling kling macht die Schelle;
Violine, Violine macht die Geige,
Viovioline, Viovioline, la la la la la la la.

Volksgut

Lautspielerei, sprießende Fantasie, Bewegungsfreude und auch die Freude an der Wiederholung kennzeichnen dieses Lied. So verschieden es auch von dem ersten sein mag, so ist es doch im Grundzug des Aufbaus nach demselben Formgesetz gebildet. Ein gleichbleibendes Äußeres nimmt in seine Mitte etwas Neues auf:
A B A – A C B A – A D C B A … (Eigentlich müsste das Schema lauten: ACB, ADCB, AEDCB … Fasse ich aber A und B als eine sich wiederholende Einheit auf, die in sich etwas Neues einschließt, so ist die vorausgehende Form zutreffend.)

Hier noch einmal ein Beispiel, das wegen seiner Bekanntheit nur textlich wiedergegeben zu werden braucht.

Auf einem Baum ein Kuckuck
Simsalabimbambasaladusaladim
auf einem Baum ein Kuckuck saß.

Da kam ein junger Jägers- sim … mann.
Der schoss den armen Kuckuck sim … tot.
Und als ein Jahr vergangen sim … war,
Da war der Kuckuck wieder sim … da.
Volksgut

Auch dieses Lied ist nach demselben Prinzip aufgebaut. Ein Satz besteht aus den drei Teilen: Subjekt, Prädikat, Objekt. Hier wird der Satz zunächst nicht zu Ende gebildet. Vor das Prädikat, das in diesem Falle den Schluss bildet, schiebt sich die herrliche Lautspielerei ein: Simsalabimbambasaladusaladim.

Und wieder ist damit etwas in das Innere eines Satzorganismus aufgenommen.

Das folgende Beispiel will einen Einblick in das tägliche Leben mit den Kindern geben.

Ei, was wartet auf das Kind,
Wartet, wartet lange?
Setz' dich auf den Stuhl geschwind;
Der wartet schon so lange.

Ei, was wartet auf das Kind,
Wartet, wartet lange?
Sieh' das weiße Blatt, mein Kind;
Das wartet schon so lange.

Ei, was wartet auf das Kind,
Wartet, wartet lange?
Sieh' das Blau, das Rot, mein Kind;
Das wartet schon so lange.

Ei, was wartet auf das Kind,
Wartet, wartet lange?
Mit dem Pinsel streich', mein Kind;
Der wartet schon so lange.

Ei, was wartet auf das Kind,
Wartet, wartet lange?
Sieh', das Malen nun beginnt;
Es wartet schon so lange.

■ Wir Erwachsenen meinen, Kinder können gar nicht lange still sitzen und warten. Meine Erfahrung wird immer mehr eine andere. Strahle ich selbst Geduld, Freude und Gewichtigkeit aus mit dem, was ich tue, vor allem auch, was ich dazu sage, so sitzen die Kinder geduldig und können warten. So ist es auch in diesem Beispiel vom Malen – sie warten still und geduldig.

Das Malen ist so weit vorbereitet, dass Farben, Wasserglas und Läppchen an jedem Platz stehen. Mit dem ersten Vers

Ei, was wartet auf das Kind,
Wartet, wartet lange?
Setz' dich auf den Stuhl geschwind;
Der wartet schon so lange

hole ich mir die letzten Kinder an den Maltisch und ziehe ihnen den Kittel an. Mit den nächsten beiden Versen

Ei, was wartet auf das Kind,
Wartet, wartet lange?
Sieh' das weiße Blatt, mein Kind;
Das wartet schon so lange.

Ei, was wartet auf das Kind,
Wartet, wartet lange?
Sieh' das Blau, das Rot, mein Kind;
Das wartet schon so lange.

begleite ich das Austeilen der Malbretter mit dem Malblatt für jedes Kind. Hierbei wiederhole ich die dritte Strophe mehrmals. Die älteren Kinder bekommen ihres zuerst. Sie dürfen gleich mit dem Malen beginnen.

Es gelingt auch, die Pinsel erst dann zu verteilen, wenn jedes Kind sein Blatt hat, ohne dass Unruhe entsteht, sodass alle zur gleichen Zeit mit dem Malen anfangen.

Schon das sanfte «Ei ...» leitet behutsam ein. Das immerwährende Wiederholen des Wartens im Rhythmus des Trochäus (– v) wirkt beruhigend. Zwischendurch beschreibt dann der Vers kurz, was als nächste Tätigkeit geschieht. Der Refrain dazu gibt immer wieder die Sicherheit, nichts eilig beginnen zu wollen. Der Wechsel der Vokale im Schlussrefrain «Das wartet schon so lange»: A O A drückt Staunen, Behüten und Bei-sich-Bleiben aus. Die Längen liegen auf den Vokalen A und O. Alles wirkt unbewusst beruhigend auf den Tätigkeitsdrang der Kinder. – Kommt ein Kind später dazu, begleite ich es ebenfalls mit den Versen, bis es an seinem Platz zu malen beginnen kann.

Das Sprechen des Verses sollte möglichst nicht vordergründig geschehen, sondern wie selbstverständlich, mit innerer Überzeugung. Tue ich etwas aus Prinzip, so merken es die Kinder sofort, weil es aufgesetzt ist und nicht mein ganz eigenstes Ziel.

Hat man ein sehr verhaltensauffälliges Kind in der Gruppe, ist zu empfehlen, ihm einen Platz mit genügendem Spielraum zu geben, damit auch dieses Kind es schafft zu warten, bis man gemeinsam beginnt, damit kein Glas, keine Farben umfallen und es nicht zu besonderen Umständen kommt, die den harmonischen Ablauf stören würden.

Tatsächlich habe ich beobachtet, dass in der anfangs ruhigen Atmosphäre viele schöne Bilder entstehen, dass die Kinder mit sich zufrieden sind, von ihrem Bild erzählen, um dann freudig aufzustehen, ihr Farbwasser auszuschütten und zum Spielen zu gehen. Das Spiel selbst ist nach so einem besinnlichen Malakt vertiefter und ausgeglichener als sonst. Bei diesem gemeinsamen Tun sind sie nicht abgelenkt, jeder kann bei sich bleiben und malen oder auch kommunizieren. Es entsteht ein sozialer und schöpferischer Prozess.

Das Erstaunliche ist das tatsächliche freudige Warten der Kinder auf ihr Blatt, ihren Pinsel, die Farben, bis es endlich losgehen kann.

Natürlich tauschen sie sich untereinander aus. Aber über allem liegt der hilfreiche Vers, der Ruhe und Zufriedenheit auslöst. Hier geschieht etwas Besonderes. Sicher gibt es auch Lieder, die in ähnlicher Weise wirken. In diesem Spruch unterstützen ganz klar die Wiederholung und der Rhythmus die Entstehung einer ruhigen Atmosphäre. ■

Die Innenwiederholung

Was für eine Wirkung solch ein Spiel auf den Menschen hat, wird leichter erlebbar, wenn es mit anderen Versbildungen verglichen werden kann. Deshalb soll gleich die genau gegenteilige Gestalt angesehen werden, nämlich die Wiederholung im Zentrum eines Satzes. Das Äußere verändert sich, das Innere bleibt gleich: darum Innenwiederholung. Diesmal handelt es sich um Sprechverse.

In der bimbambolschen Kirche
Geht es bimbambolisch zu,
Tanzt der bimbambolsche Ochse
Mit der bimbambolschen Kuh.
Und die bimbambolsche Mutter
Kocht den bimbambolschen Brei,
Und die bimbambolschen Kinder
Fassen mit den Händen rein.
Volksgut

Auf dem vivabunten Berg
Wohnten vivabunte Leute,
Und die vivabunten Leute
Hatten vivabunte Kinder,
Und die vivabunten Kinder
Aßen jeden Tag ein Ei.
Eins, zwei, drei –
Und du bist frei.
Volksgut

Auf einem Gummi-Gummi-Berg
Wohnt ein Gummi-Gummi-Zwerg.
Der Gummi-Gummi-Zwerg
Hat ein Gummi-Gummi-Kind.
Das Gummi-Gummi-Kind
Hat eine Gummi-Gummi-Puppe.
Die Gummi-Gummi-Puppe
Isst jeden Tag ein Ei,
Eins, zwei, drei –
Und du bist frei.
Volksgut

Bei diesen Auszählversen finden die Kinder an vielerlei Freude. Abgesehen von der Originalität der Bilder ist es die reine Freude am Sprechen. Man braucht diese Verse nur einmal laut für sich zu sprechen, um sogleich zu bemerken, wie man seine Sprachwerkzeuge fühlt und wie das Artikulieren Freude macht. Beim ersten Vers arbeiten die Lippen mit B und M. Die herrlichen Vokale von vivabunten: i a u wollen bis in die Mimik hinein mitspielen. Beim dritten Vers springt man im Sprechen zwischen dem Gaumen und den Lippen hin und her. Ein richtiges Sprachturnen vollzieht man mit diesen Sprüchen. (Siehe auch die später beschriebene Flechtwiederholung.) Dann aber ist da die Wiederholung im Inneren. Was will sie aussagen? Ein gleichbleibendes Inneres steht in einem sich ständig verändernden Äußeren. Vorher war es umgekehrt: Ein gleichbleibendes Äußeres umgibt ein sich ständig veränderndes Inneres.

■ Die obigen Beispiele sind für größere Kinder. Ein bewährtes Beispiel für die Kleineren ist die folgende Geschichte aus Österreich:

Da is amal a klawinziges, winziges Weiberl gwesen,
das hat in an klawinzigen, winzigen Hauserl gwohnt.
Und bei dem klawinzigen, winzigen Hauserl
Is a klawinziges, winziges Stallerl gwesen.
Und in dem klawinzigen, winzigen Stallerl,
da is a klawinziges, winziges Kuherl gwesen.
Und das klawinzige, winzige Kuherl
Hat dem klawinzigen, winzigen Weiberl
A klawinziges, winzigcs Tropferl Milch geben.
Da is a klawinziges, winziges Katzerl kommen,
das hat das klawinzige, winzige Tropferl Milch
ausgetrunken.
Da hat das klawinzige, winzige Weiberl gsagt:
«Du schlimmes Katzerl saufst mir mein klawinziges, winziges Tropferl Milch aus!»
Da hat das klawinzige, winzige Kuherl
dem klawinzigen, winzigen Weiberl
noch a klawinziges, winziges Tropferl Milch geben!
Da ist das klawinzige, winzige Weiberl
Wieder ganz und gar zufrieden gwesen.

(aus *Hänschen Apfelkern*[11])

Diese Geschichte lässt sich wunderbar in Situationen einsetzen, in denen man die ganze Gruppe aus der Zerstreuung sammeln will: beim Essen, vor dem Aufräumen, in Wartesituationen ...

Unabhängig von den Wiederholungen macht den Kindern schon das lautmalerische Element der Worte «klawinziges winziges» Freude, der Sprung vom A zu den vier I's, ganz zu schweigen von den verspielten Konsonanten, die das «winzige» gar so winzig machen.

Obwohl der Dialekt aus dem Österreichischen kommt, macht es den Kindern in anderen Regionen ebenso Freude. Sie haben keine Verständnisschwierigkeiten damit.

Ein weiteres Beispiel für die Innenwiederholung ist mit dem folgenden Gedicht gegeben:

Kraust ein sanfter Wind den See.
Streicht ein sanfter Wind die Wiese.
Spielt ein sanfter Wind im Laub.
Kost ein sanfter Wind die Rosen,
Streift dem Kind so sanft die Wange,
Spricht zu ihm: O fang mich, fange!

Zu Beginn des musikalisch-rhythmischen Teils im Tagesablauf fange ich gern mit einem kleinen Kreisspiel an. Das lieben die Kinder sehr, und gleich entsteht eine fröhliche Atmosphäre. Für das Kreisspiel eignet sich als Ausdruck die Innenwiederholung. Regeln und sich wiederholende Abläufe können damit erübt werden: z.B. immer die gleichen Bewegungen auszuführen, oder, wer schon einmal ausgewählt wurde, kommt nicht noch einmal dran. Der Fänger darf aus dem Kreis laufen, aber nicht durch den ganzen Raum.

Vom Aufräumen kommen die Kinder in die geführte Situation des Spieles und des gemeinsamen Tuns. Der Vers vermittelt durch die Längen zu Beginn jeder Zeile Ruhe. Die Kürzen sollten möglichst leise und kurz gesprochen werden. Die Sprachdynamik der Tätigkeitsworte am Anfang, wie: Kraust / Streicht / Spielt / Kost – könnte besonders hervorgehoben werden.

Ablauf:
Ein Kind geht in den Kreis. Es spielt den Wind, ahmt die Bewegung der Verben mit den Armen oder Händen nach (Kraust …). Am Ende streichelt es einem Kind seiner Wahl die Wange. Dieses Kind soll den Wind fangen. Sie laufen aus dem Kreis heraus, bis der Wind gefangen ist.

Zu Beginn wird die Ruhe ausgekostet, bis alle Gebärden des Windes ausgeführt worden sind; dann kommt der lebendige Übergang zum Fangen am Schluss. Das alles weckt fröhlich auf und ist ein schöner Wechsel zwischen Ruhe und Schnelligkeit.

Dieses Spiel ist für Kinder ab vier Jahren geeignet. Hat man mehrere kleinere Kinder dabei, so sollte höchstens dreimal hintereinander gespielt werden.

Erstaunlicherweise haben die Kinder den langen Text schnell erfasst. Wahrscheinlich waren dabei die von mir vorher deutlich vorgegebenen Gebärden des Windes nützlich. Einmal hatte ich sie vorgemacht und mir ein älteres Kind ausgesucht, das stark in der Nachahmung lebt. Mit diesem Kind konnte das Spiel beginnen. Schon beim dritten Mal sprachen alle mit fröhlichem Sinn den Text mit. ■

Die Anfangswiederholung

Eine nächste Wiederholungsform stellt am Anfang immer ein Gleiches hin und verändert das Folgende – daher Anfangswiederholung.

Billewillewitt, mein Mann ist krank!
Billewillewitt, was fehlt ihm denn?
Billewillewitt, er hat die Gicht.
Billewillewitt, das schad't ihm nicht.
Billewillewitt, ein Gläschen Wein?
Billewillewitt, das kann wohl sein.
Billewillewitt, ein Stückchen Brot?
Billewillewitt, er ist schon tot.
Billewillewitt, den Doktor holen,
Der soll ihm den Buckel versohlen.
Volksgut

Eins, zwei, drei, vier, fünf, sechs, sieben,
Wo ist denn mein Schatz geblieben?
In Berlin, in Stettin,
Wo die Rosen zweimal blüh'n.
Jungen schlafen in Ratteneckchen,
Mädchen schlafen in seidnen Bettchen,
Jungen tragen Rattenschwänze,
Mädchen tragen Lorbeerkränze,
Mädchen kommen auf den Ball,
Jungen kommen in'n Schweinestall.
Volksgut

Abends, wenn ich schlafen geh',
Vierzehn Engel um mich steh'n:

Zwei zu meiner Rechten,
Zwei zu meiner Linken,
Zwei zu meinen Häupten,
Zwei zu meinen Füßen,
Zwei, die mich decken,
Zwei, die mich wecken,
Zwei, die mich führen
Ins himmlische Paradies.
Volksgut

Das erste Verslein zeigt wieder eine originelle, fröhliche Lautspielerei. Inhaltlich ist das Ganze ein Scherz, wobei beobachtet werden kann, dass manche Kinderverse für das Erwachsenen-Bewusstsein eine mehr oder weniger stark makabre Seite zeigen. Durch das spielerische Billewillewitt wird das Traurige des Inhaltes weggenommen. Man kommt gar nicht dazu, darüber ernsthaft nachzudenken. Es bleibt eben ein gespielter Scherz. Die Kinder haben zum Tod, zu Gut und Böse ein anderes Verhältnis als die herangewachsenen Menschen. Dies auszuführen würde den Rahmen dieser Schrift sprengen. Am zweiten Spruch ist deutlich spürbar, dass die wechselnde Wiederholung von Jungen und Mädchen zu Beginn der Zeilen die neckende Empfindung hochtreibt. Beim dritten Beispiel, dem bekannten Nachtgebet, das auch gesungen werden kann, steht immer die Zwei am Anfang. Man mache sich einmal klar, was für eine tiefe Geborgenheit von dieser Zwei ausgeht. Dann kann man eine Empfindung davon bekommen, was eine Anfangswiederholung zu bewirken vermag. Und es verwundert nicht mehr, wenn Rudolf Steiner darauf hinweist, dass diese Wiederholungsart unsere Gefühle kräftigen kann. Dies berichtet uns Heinz Müller aus einem Gespräch mit Rudolf Steiner.

Das erste Lied dieser Betrachtungen, «Zeigt her eure Füße ...», das oben (S. 81) in der Kranzwiederholung dargestellt worden ist, gibt es auch in der Form der Anfangswiederholung; in dieser Gestalt ist es sehr bekannt. Es soll hier angeführt werden, damit daran nachvollziehbar wird, wie unterschiedlich die beiden Liedmöglichkeiten sind.

... sie winden ...
... sie hängen ...
... sie legen ...
... sie rollen ...
... sie bügeln ...
... sie ruhen ...
... sie tanzen ...
Volksgut

Zunächst ist diese Form gegenüber der obigen einfacher und auch nüchterner. Dort ist die jeweilige Tätigkeit ganz eingebettet in die Wiederholung. Die Stimmung ist viel naiver als hier. Hier sind die Kinder wacher am Werk, dort dürfen sie mehr träumen. Daher ist die obige Weise geeigneter für die Kleineren.

Gegenüber der dortigen Geschlossenheit der Form zeigt sich hier eine Offenheit. Man kann daraus ersehen, dass große Unterschiede zwischen den Formen bestehen. Je nachdem, was man für die Kinder erreichen will, wählt man die eine oder die andere Weise.

An dieser Stelle sei noch einmal ein Gedicht gebracht, diesmal aus der klassischen Moderne. Dichtungen mit Motivwiederholungen finden sich interessanterweise, wie schon erwähnt, vorwiegend in sehr weit zurückliegender Zeit, aber auch in der Moderne, dazwischen kaum. Das folgende Gedicht verdanken wir Paul Celan. An ihm mag deutlich werden, welch starke Stimmung von der Anfangswiederholung ausgehen kann. Ein solches Gedicht entspricht dem Bewusstsein des Erwachsenen.

Im Kindergedicht – mit seinen ganz anderen Inhalten – wirkt diese Art der Wiederholung also gleichermaßen auf das Kind, wie das folgende Gedicht auf den Erwachsenen wirkt.

Umbrische Nacht.
Umbrische Nacht mit dem Silber von Glocke und Ölblatt.
Umbrische Nacht mit dem Stein, den du hertrugst.
Umbrische Nacht mit dem Stein.
Stumm, was ins Leben stieg, stumm.
Füll die Krüge um.

Irdener Krug.
Irdener Krug, dran die Töpferhand festwuchs.
Irdener Krug, den die Hand eines Schattens für immer
verschloss.
Irdener Krug mit dem Siegel des Schattens.
Stein, wo du hinsiehst, Stein.
Lass das Grautier ein.

Trottendes Tier.
Trottendes Tier im Schnee, den die nackteste Hand streut.
Trottendes Tier vor dem Wort, das ins Schloss fiel.
Trottendes Tier, das den Schlaf aus der Hand frisst.
Glanz, der nicht trösten will, Glanz.
Die Toten – sie betteln noch, Franz.

Die Spiegelwiederholung

Eine weitere Form der Wiederholung liegt im Folgenden vor.

Tross tross trüllchen,
Der Bauer hat ein Füllchen.
Ein Füllchen hat der Bauer,
Das Leben wird ihm sauer.
Sauer wird ihm's Leben,
Der Weinstock, der trägt Reben.
Reben trägt der Weinstock,
Hörner hat der Ziegenbock.
Der Ziegenbock hat Hörner,
Die Rose, die hat Dörner,
Dörner hat die Rose,
Der Braten, der hat Soße.

Soße hat der Braten,
Auf der Wiese liegen Maden.
Maden auf der Wiese,
Die Mutter, die schickt Grüße.
Grüße schickt die Mutter,
Der Bauer, der macht Butter.
Butter macht der Bauer,
Das Leben wird ihm sauer …
(wieder von vorne)
Volksgut

Ihr Diener, meine Herrn!
Äpfel sind keine Birn'.
Birn' sind keine Äpfel,
Die Wurst, die hat zwei Zipfel.
Zwei Zipfel hat die Wurst,
Der Bauer, der hat Durst.
Durst hat der Bauer,
Das Leben wird ihm sauer.
Sauer wird ihm's Leben,
Der Weinstock, der trägt Reben.
Reben trägt der Weinstock,
Ein Kalb, das ist kein Ziegenbock.
Ein Ziegenbock ist kein Kalb,
Die Predigt, die ist halb.
Halb ist die Predigt,
Der Bauch, der ist ledig.
Ledig ist der Bauch,
In meiner Mütze, da ist Rauch.
Rauch ist in meiner Mütze,
Mein Bruder, der heißt Fritze.
Fritze heißt mein Bruder,

Ein Schwein ist kein Luder.
Kein Luder ist ein Schwein –
Nun soll meine Predigt zu Ende sein.
Volksgut

Eins, zwei, drei,
Alt ist nicht neu.
Neu ist nicht alt,
Warm ist nicht kalt.
Kalt ist nicht warm,
Reich ist nicht arm.
Arm ist nicht reich,
Hart ist nicht weich.
Fleißig ist nicht faul,
Ochs ist kein Gaul.
Sauer ist nicht süß,
Händ' sind keine Füß'.
Füß' sind keine Händ',
's Lied hat nun sein End'.
Volksgut

(Für den Kindergarten kommt nur der erste Vers infrage, da hier alles in der altersgemäßen Bildhaftigkeit vorliegt.)

Eine Aussage wird umgekehrt, das ist hier die Spielregel. Dies geschieht immer, wenn wir in den Spiegel blicken: daher Spiegelwiederholung. Dann wird zum letzten Wort der Umkehrung ein Reim gesucht und damit ein neuer Satz gebildet, der dann wieder umgekehrt wird usw. Man hat den Eindruck, dass es nur auf das Spiel ankommt, mag sich reimen, was da will. Der Reim ist übrigens auch eine Wiederholungsform, doch soll diese hier nicht besprochen werden.

Auch kommt bei den Kinderversen fast nur die einfachste Reimform, der Paarreim, vor. Doch ist die Reimfreude bei den Kindern unverkennbar. Man nennt die Art der obigen Sprüche Kinderpredigten. Ich kann mich noch erinnern, wie wir in der Kinderzeit solche Verse frei improvisierten. Und was geschieht dabei als innerer Vorgang? Wer sich beim Sprechen solcher Spiele gut beobachtet, wird feststellen, dass dieser Sprach-Umkehrungsvorgang wach macht. Es ist ja nichts anderes als eine Spiegelung. Blicke ich in einen Spiegel, so werde ich wach für mein Aussehen, für meine Erscheinung. So macht auch eine sprachliche Spiegelung wach. Ein Beispiel aus der Praxis:

Was regt sich dort im Grase?
Kein Fuchs und auch kein Hase.
Der Puck, der kämmt die Wurzeln.
Die Wurzeln kämmt der Puck.
Die Samen reibt der Schnuck.
Der Schnuck, der reibt die Samen.
Die Erde lockert Kramen.
Der Kramen lockert die Erde.
Der Käfer weckt der Gerde.
Der Gerde weckt die Käfer.
Die sind noch alle Schläfer.
Ja, Schläfer sind sie alle.
Und was macht denn der Kalle?
Der Kalle treibt die Gräser,
Der Bausezwerg ruft Bläser!
Die Bläser ruft der Bausezwerg.
Und Winde weh'n in Tal und Berg.
In Tal und Berg weh'n Winde:
O Frühling, komm geschwinde!

■ Nach einem Anapästvers hocken wir in loser Gruppe am Boden und kommen mit diesem bildreichen, kräftigen Vers von der Frühlingsarbeit der Zwerge wieder zur Ruhe.

Dieses lustige Gedicht haben die Kinder gleich freudig aufgegriffen, und einer nach dem anderen rief: Ich bin der Kalle! Ich bin der Gerde! … Schon die Namen der Zwerge brachte sie in Entzücken. Auch die Gesten wurden im Nachhinein gleich noch einmal ausprobiert.

In diesem Vers ist Regsamkeit. Alles wird lebendig. Eine Vielzahl von Tätigkeiten wird ausgeführt. Trotzdem werden die Kinder durch die Wiederholungszeilen nicht übermütig.

Die Wiederholungen eignen sich besonders gut zur Vertiefung der Sprache und einer ruhigen Ausführung. In vielen anderen Versen wiederhole ich manchmal eine Zeile so oft, bis alle Kinder aufmerksam dabei sind. Hier wirkt die Wiederholung noch einmal bestätigend und erhält Wichtigkeit. Die Kinder werden durch die Spiegelung besonders aufmerksam. Einmal vergaß ich die Zeile «Ja, Schläfer sind sie alle». Da wurde ich gleich darauf hingewiesen.

Alle Kinder waren wach und fröhlich dabei und lauschten auf die Namen und Tätigkeiten, die durch die Spiegelwiederholung besonders wirksam werden.

Die Spiegelwiederholungen sind im Kindergarten wirklich besonders zu empfehlen. ■

Die Flechtwiederholung

Und weiter geht es mit den Wiederholungsspielen. In den folgenden Versen bemerken wir, dass der Schluss einer Zeile am Anfang der nächsten erst einmal wiederholt wird, bevor dann das Neue kommt. So wird das erste

Motiv mit dem nächsten verflochten. Wir nennen diese Form Flechtwiederholung. Die Verse der Spiegel- und Flechtwiederholungen werden den sogenannten Kettenreimen zugeordnet.

Der Herr, der schickt den Jockel aus,
Er soll den Hafer mähen.
Der Jockel mäht den Hafer nicht
Und kommt auch nicht nach Haus.
Da schickt der Herr den Pudel aus,
Er soll den Jockel beißen.
Der Pudel beißt den Jockel nicht
Und kommt auch nicht nach Hause.

Da schickt der Herr den Prügel aus,
Er soll den Pudel prügeln.
Der Prügel prügelt den Pudel nicht,
Der Pudel beißt den Jockel nicht
Und kommt auch nicht nach Hause.

Da schickt der Herr das Feuer aus,
Es soll den Prügel brennen.
Das Feuer brennt den Prügel nicht,
Der Prügel prügelt den Pudel nicht,
Der Pudel beißt den Jockel nicht
Und kommt auch nicht nach Hause.

Da schickt der Herr das Wasser aus,
Es soll das Feuer löschen.
Das Wasser löscht das Feuer nicht,
Das Feuer brennt den Prügel nicht,
Der Prügel prügelt den Pudel nicht,

Der Pudel beißt den Jockel nicht
Und kommt auch nicht nach Hause.
Da geht der Herr nun selbst hinaus
Und treibt sie alle schnell nach Haus.

Meine Mühle,
die braucht Wind, Wind, Wind,
Sonst geht sie nicht
geschwind, schwind, schwind.
Aus Korn wird Mehl,
aus Mehl wird Brot,
und Brot tut allen Menschen not.
Volksgut

Die Kastanie

Da ist ein grünes Stachel-Haus.
Und in dem grünen Stachel-Haus
da ist ein kleines braunes Haus.
Und in dem kleinen braunen Haus
da ist ein kleines gelbes Haus.
Und in dem kleinen gelben Haus
da ist ein kleines weißes Haus.
Und in dem kleinen weißen Haus
da ist ein kleines Herzlein drin.

Wer diese Verse mit Engagement liest, wird als Erstes bemerken, dass hier ein kraftvoller Bewegungsstrom in Gang kommt. Ein soeben Gesprochenes gleich noch einmal auszusprechen erfordert einen Willensgriff. Außerdem muss man sehr wach sein. Daher kommen solche Sprüche erst für die älteren Kinder in Betracht. Rudolf Steiner spricht hier von einer willenskräftigenden Wirkung, wie uns Heinz Müller überliefert. Will man Kinder aus einer Mattigkeit in Bewegung bringen, so wird ein solcher Spruch das rechte Mittel dafür sein.

Gibt man Kindern, die wenig Lebensenergie besitzen, für eine längere Zeit solche kleinen, für sie extra gemachten Verse zum täglichen Üben, so wird man nach einiger Zeit eine Belebung des ganzen Wesens bewirken können. (Das bekannteste, aber sehr abgebrauchte Sprüchlein dieser Art beginnt: Es war einmal ein Mann, der hatte einen Schwamm ...) Beim zweiten Vers wird man bemerkt haben, dass da auch die Spiegelungswiederholung auftritt. Vielleicht hat der Leser bei den beiden obigen Versen «In der bimbambolschen» und «Auf dem vivabunten Berg» beobachtet, dass da zusätzlich zur Wiederholung im Satzinnern auch diese Form der Wiederholung vorliegt. Hier soll diese Art der Wiederholung Flechtwiederholung genannt werden.

Abschließend für die Betrachtung der Wiederholung vom Ende zum Anfang sei ein sehr feines Kinderlied gebracht, in dem das Spiel von der Ende-Anfang-Wiederholung in den Rahmen einer Außenwiederholung eingebettet ist. So können sich die verschiedensten Wiederholungsformen durchdringen und miteinander spielen. Dem Kind ist das natürlich nicht bewusst. Der Erwachsene kann es sich zu Bewusstsein bringen. Wie die Sprüche entstanden sind, ob sie sich aus der Sprachspielfreude der Kinder selbstständig im Laufe der Zeit gebildet haben, ob sie früher einmal von Erwachsenen gegeben worden sind, die eine Ahnung von den Wirksamkeiten hatten, ist ungewiss.

❊ Dann immer weiter mit «Und was ist» usw.

Drunten in der schönen Au steht ein Birnbaum, trägt
Laub, juchhe!
Drunten in der schönen Au steht ein Birnbaum, trägt
Laub.
Und was ist an diesem Birnbaum? Ein wunderschönes
Ästlein.
Ast am Baum, Baum in der Au,
Drunten in der schönen Au steht ein Birnbaum, trägt
Laub, juchhe!
Drunten in der schönen Au steht ein Birnbaum, trägt
Laub.

Und was ist an diesem Ästlein? Ein wunderschönes
Zweiglein.
Zweig am Ast, Ast am Baum, Baum in der Au ...

Und was ist an diesem Zweiglein? Ein wunderschönes
Nestlein.
Nest am Zweig, Zweig am Ast, Ast am Baum, Baum in
der Au ...

Und was ist in diesem Nestlein? Ein wunderschönes
Eilein.
Ei im Nest, Nest am Zweig, Zweig am Ast, Ast am
Baum, Baum in der Au ...

Und was kommt aus diesem Eilein? Ein wunderschönes
Vöglein.
Vogel im Ei, Ei im Nest, Nest am Zweig, Zweig am Ast,
Ast am Baum, Baum in der Au ...

Und was ist an diesem Vöglein? Ein wunderschönes
Federlein.
Feder am Vogel, Vogel im Ei, Ei im Nest, Nest am
Zweig, Zweig am Ast, Ast am Baum, Baum in der Au ...

Und was wird aus diesem Federlein? Ein wunderschönes
Bettlein.
Bett aus der Feder, Feder am Vogel, Vogel im Ei, Ei
im Nest, Nest am Zweig, Zweig am Ast, Ast am Baum,
Baum in der Au ...

Volksgut

Nun zwei Beispiele aus dem täglichen Umgang mit den Kindern.

Mutter Sonne steigt hervor,
Schreitet durch das Himmelstor,
Weckt die Bienen, Käfer hier,
Weckt die Vöglein im Revier,
Weckt die flinken Meisen.
Und die flinken Meisen
Wecken schnell die frechen Spatzen.
Und die frechen Spatzen
Wecken schnell die Miezekatzen.
Und die Miezekatzen
Wecken schnell die kleinen Hunde.
Und die kleinen Hunde
Wecken schnell die großen Hunde.
Und die großen Hunde
Wecken alle Kinderlein!

■ Die Kinder hocken locker am Boden. Ein Kind ist die Sonne und geht um die Gruppe herum, weckt die Bienen, Käfer … Die Kinder stehen auf und fassen die Sonne der Reihe nach an. Eines weckt das andere. Wer geweckt ist, zieht mit. Immer weckt der Letzte das nächste Kind auf, bis alle in der Reihe sind. Die Reihe wird zum Kreis – alle drehen sich nach innen –, und mit einer großen Armbewegung sprechen wir: «wecken alle Kinderlein!»

Das Spiel macht den Kindern große Freude, weil es von der Dynamik und vom Tempo her anzieht und kurz ist. Der Spielablauf des Weckens entspricht der Eigenart der Flechtwiederholung. Es eignet sich für den Anfang und den Abschluss eines Reigens.

Und ein weiteres Beispiel:

Ei, was tanzt da in der Luft,
In der Luft voll weißer Sterne?
Weiße Sterne sind wie Federn,
Federn einer Engelsschwinge,
Engelsschwinge oder Kleinod,
Kleinod oder Lichtkristall,
Lichtkristall vom heil'gen Himmel,
Himmel, wo die Engel wohnen.

Diesen kleinen Vers in Spiegelwiederholung erzähle ich wie nebenbei, z.B. vor dem Danken, wenn die Kinder die Kerze anzünden. Er verklingt fast. Leise, ohne etwas hervorzuheben, spreche ich ihn, fast melodiös. Dadurch bekommt er ein bisschen etwas Geheimnisvolles. Hier wirkt vor allem die schöne Sprache, die wunderbaren Wörter werden auch noch jeweils wiederholt. Kinder, die einen Sinn dafür haben, fühlen sich sofort angesprochen. Vor allem die Mädchen, die gerne schmücken und gestalten, wiederholten im Laufe des Tages öfter das Wort Engelsschwinge. Selbst wenn sie nicht wissen, was Kleinod ist, lauschen sie den Wörtern nach und finden einfach nur Gefallen daran. ■

Die Schlusswiederholung

Nun folgen Beispiele für die Wiederholung am Schluss eines Verses, der Schlusswiederholung. Wenn sich die Schlusswiederholung vergrößert, steigert und gar verselbstständigt, so wird daraus dann im Volkslied der Refrain.

Es kommen zwei Herren aus Ninive. Heissa fiffilatus.
Was woll'n die zwei Herrn aus Ninive? Heissa fiffilatus.
Sie wünschen gern die erste Tochter. Heissa fiffilatus.
Was woll'n sie mit der ersten Tochter? Heissa fiffilatus.
Sie woll'n sie in ein Kloster bringen. Heissa fiffilatus.
Was soll sie denn im Kloster machen? Heissa fiffilatus.
Sie soll das Stricken und Nähen lernen. Heissa fiffilatus.
Ei, so nimm sie hin zu dir. Heissa fiffilatus.

Volksgut

Dort o - ben auf dem Ber - ge, da
liegt ein blau - er Stein, und wer den Stein ver -
lo - ren hat, der soll mein Schätz - chen sein. Vi - de-
ral - la - la, vi - de - ral - la - la, vi - de - ral - la - la - la -
la.
Ich geb' dir ei - nen Tritt zu
Ich geb' dir ei - nen Kuss zu
Ich zieh' mein Hüt - chen ab und
Eh - ren und zum vid - vi - de
Eh - ren und zum Fuß. Vi - de
sag' hübsch Gu - ten Tag! Vi - de
ral - la - la, vi - de-
ral - la - la, vi - de - ral - la - la - la - la.

Dort oben auf dem Berge, da liegt ein blauer Stein,
und wer den Stein verloren hat, der soll mein
Schätzchen sein.
Viderallala, viderallala, viderallalalala.

Ich geb' dir einen Tritt zu Ehren und zum vidviderallala,
viderallala, viderallalalala.
Ich geb' dir einen Kuss zu Ehren und zum Fuß.
Viderallala, viderallala, viderallalalala.
Ich zieh' mein Hütchen ab und sag' hübsch «Guten Tag!»
Viderallala, viderallala, viderallalalala.

Volksgut

Hier ist die Schlusswiederholung mit dem «Viderallala, viderallala, viderallalalala» gegenüber dem ersten Beispiel schon viel länger. Noch einen Schritt weiter würde der Refrain entstehen, wie wir ihn z.B. beim Heiderröslein von Goethe haben. Die Schlusswiederholung ist zunächst natürlich ein Ausklang des Liedes. Eigentlich ist es aber wie eine Erwartung, die bereits von Anfang an da ist, um nach einer Einführung freudig erklingen zu können. Das kommt besonders beim Refrain heraus, wenn ein Vorsänger da ist, dem eine Gruppe zunächst zuhört, um dann selber freudig einzustimmen. In der Schlusswiederholung liegt ein Lauschen auf das Vorausgehende.

Noch einmal soll zur Verdeutlichung ein modernes Gedicht herangezogen werden. Es ist dem Bändchen *Anno Domini* von Christiane Benning entnommen, führt uns in das Wintererleben und zaubert eine sehr eigene Stimmung für Erde und Schnee, den Motiven am Zeilenende.

Sterne fallen auf die Erde
Weiße Sterne ganz aus Schnee
Fallen immerfort zur Erde
Immerfort als weißer Schnee
Hüllen fallend alle Dinge
In ein Lichtgewand aus Schnee
Stehn verklärt rings um die Dinge
Und die Sterne ganz aus Schnee
Haben Halt an jedem Dinge

Und noch immer fällt der Schnee
Fällt wie Sternensaat zur Erde
Immerfort der weiße Schnee
Willst du Himmel werden, Erde?

Die reine Wiederholung

Die letzte Wiederholungsform ist die einfachste. Ein Motiv wird angeschlagen und wiederholt sich dann in verschiedenster Weise ohne etwas Neues. Ein reines Wiederholungsspiel des Gleichen findet statt, ein Verweilen im Wiederholen des Gewesenen, ein Vertiefen: die reine Wiederholung.

Dornröschen war ein schönes Kind.
Dornröschen, nimm dich ja in Acht.
Da kam die alte Fee herein.
Da wuchs die Hecke riesengroß.
Da kam der junge Königssohn.
Da ging das junge Königspaar.
Da fingen sie zu tanzen an.
Volksgut

In dieser Weise, teilweise mit derselben Melodie, gibt es manche Verse. Die reine Freude am Wiederholen des Gleichen charakterisiert diese Lieder. Die Strophe genügt sich selbst, indem sie sich selber in allen möglichen Formen wiederholt. Alle anderen Strophenformen nehmen Beziehungen zu weiteren Motiven auf. Diese Strophe beschäftigt sich ganz mit sich selbst.

Zum Abschluss sei ein weiteres Lied mit reiner Wiederholung gebracht. Jede Strophe wiederholt sich in sich selbst. Gleichzeitig findet sich in der Strophenfolge der Aufbau der Flechtwiederholung. Und zusätzlich ist durch den Rückwärtsverlauf noch etwas vom Spiegelungsprozess gegeben. Wenn man will, kann man sogar in der zweimaligen Einfügung von Kirmes etwas von der Kranzwiederholung erkennen. Man kann daran ersehen, wie fantasievoll-spielerisch die sprachschöpferischen Kräfte wirken.

Der Bauer wichst seine Kirmesschuh', vivat Kirmesschuh',
Der Bauer wichst seine Schuh'.

Der Bauer nimmt sich ein Weib ... / Das Weib nimmt sich ein Kind ... / Das Kind nimmt sich eine Magd ... / Die Magd nimm sich einen Knecht ... / Der Knecht nimmt sich ein Pferd ... / Das Pferd nimmt sich einen Stall ... / Der Stall nimmt sich eine Krippe ... / Die Krippe nimmt sich Heu ... / Das Heu scheid't von der Krippe ... / Die Krippe scheid't vom Stall ... / Der Stall scheid't von dem Pferd ... / Das Pferd scheid't von dem Knecht ... / Der Knecht scheid't von der Magd ... / Die Magd scheid't von dem Kind ... / Das Kind scheid't von dem Weib ... / Das Weib scheid't von dem Bauer.

Volksgut

Zusammenfassung der Wiederholungsformen als kosmischer Aspekt

So ergeben sich sieben Arten von Wiederholungen, die man nach ihrem Aufbau qualitativ in eine Ordnung bringen kann. Folgender Aufbau der sieben Formen ergibt sich dabei:

- Die einfachste Form ist die «*reine Wiederholung*». Sie befasst sich nur mit sich selber und lässt ihre Elemente in beliebiger Weise immer wiederkommen. Sie tritt mit keinem zweiten Motiv in Beziehung. Ein neues Motiv bildet eine eigene, zweite Strophe usw.
- Alle weiteren Arten der Wiederholung nehmen aber Beziehungen zu anderen Motiven auf, erst sehr tastend, dann aber immer herzhafter. Die behutsamste Weise, mit einem zweiten Motiv in Berührung zu kommen, liegt bei der «*Schlusswiederholung*» vor. Sie fühlt zwar voraus, was da kommen wird, setzt sich aber beim Refrain davon in einer eigenen Strophe ab.
- Die «*Anfangswiederholung*» nimmt das folgende Motiv ganz in sich auf, lässt ihre Stimmung in dieses Motiv hineinfließen.
- In der nächsten Gestalt begibt sich das beständige, das bleibende Motiv ganz in das Innere des Verses. Das Äußere ändert sich mit jeder Wiederholung. Wir haben die «*Innenwiederholung*» vor uns.
- Im weiteren Verfolgen der Formen befreit sich das Motiv aus seiner Isolierung, die bei der Innenwiederholung eintreten kann und verbindet sich mit immer neuen Motiven. Die «*Flechtwiederholung*» entsteht.
- Immer komplizierter wird das Gewebe der Motive. In

der «*Spiegelwiederholung*» aber nötigt sich jedes Motiv, sich selber zu betrachten.
- Erst nach diesem Vorgang ist das Motiv so kräftig, dass es als «*Kranzwiederholung*» die Welt in sich hereinnehmen kann, mit jeder Strophe einen anderen Teil der Welt.

Die reine Wiederholung:	Sie genügt ganz sich selbst.
Die Schlusswiederholung:	Sie nimmt das Vorausgehende in sich auf.
Die Anfangswiederholung:	Sie geht innig auf ein Anderes zu.
Die Innenwiederholung:	Sie stellt sich sicher in ein Anderes hinein.
Die Flechtwiederholung:	Die Motive verknüpfen sich miteinander.
Die Spiegelwiederholung:	Das Motiv betrachtet sich selbst.
Die Kranzwiederholung:	Das Motiv nimmt die Welt in sich auf.

Durch eine solche Betrachtung können sich aus dem lebendigen Gewoge der Kindersprache Gestaltungen herausheben, die durchaus sinnvoll sind. So spielerisch und leicht die Kinder damit umgehen, so zeigt sich doch deutlich, dass es sich nicht um Zufälligkeiten handelt. Es wirken Gesetze darinnen, deren qualitative Wirkungen erarbeitet werden können. Mit der Siebenheit der Wiederholungsformen lassen sich alle Wiederholungsarten erfassen. So drängt sich die Frage auf, was sich substanziell in der Siebenheit verbirgt. Die Zahl weist uns auf die Planetenkräfte.

Rudolf Steiner hat zu den sieben Säulen im Zuschauerraum des ersten Goetheanums die sieben Säulenworte gegeben und jeder Säule eines zugeordnet. Die Säulen wiederum verkörpern von den plastischen Gestaltungen der Kapitelle und Sockelformen bis zu den verwendeten Holzarten Gestaltungen, die in den Planetenkräften urständen. Jeder dieser Säulen ist ein Säulenwort zugeordnet, wobei diese Säulenworte in ihrer Knappheit Runen gleichen.

Saturn	DAS ES
Sonne	AN ES
Mond	IN ES
Mars	ICH
Merkur	VOM ICH
Jupiter	AUS MIR
Venus	ICH INS ES

Durch künstlerische Übwege gibt es manche Möglichkeiten, sich in die Substanz dieser planetarischen Formen einzuarbeiten. Die eindrücklichste Übung dabei besteht darin, die plastischen Formen der einzelnen Säulen mit den Gebärden nachzubilden. Man versucht dabei die Verdichtungen und Lösungen der Formen durch Zusammenziehen und Lösen der Hände und Arme zu erfühlen, den Begrenzungen und Durchdringungen nachzugehen, die rhythmischen Fragen zu ertasten und die Sonderungen nachzuerleben. Auf diese Weise kann man sich im Laufe der Zeit ein inneres Verhältnis zu den Kapitell- und Sockelgestaltungen verschaffen. Die Planetenkräfte werden zu Realitäten des künstlerischen Erlebens. Nimmt man zu diesen Erfahrungen die Säulenworte hinzu, so ergibt sich auch dafür zunächst die Möglichkeit, jede dieser Wortrunen, aber auch ihren Zusammenhang als

Gebärden zu erleben. Schließlich fügt sich in dieses das Lauterleben ein, das man durch die Sprachgestaltung und die Eurythmie finden kann. Aus der anfänglichen Fremdheit dieser Runen entsteht auf diesem Wege ein sehr differenziertes Kräfteerleben, das mit der Wirklichkeit der kosmischen Gegebenheiten übereinstimmt.

Versucht man, diese Runen in eine fließende Sprache zu bringen, so kann man sagen: Mit dem DAS ES steht etwas noch ganz für sich, genügt sich selbst, beschäftigt sich mit sich selbst. Nun tritt von außen etwas an dieses ES heran, interessiert sich dafür. Das AN ES entsteht. Dieses Andere durchdringt nun immer mehr das ES, dringt IN ES und erlebt sich im IN ES. Aus dieser Durchdringung des ES mit dem Anderen entwickelt sich das ICH, die Persönlichkeit. Das ICH entsteht als Frucht einer sozialen Auseinandersetzung des ES mit der Welt, der Welt mit dem ES. Dabei liegt die Aktivität in dem Anderen, in der Welt. Das ICH kann aber nicht in sich bleiben, ohne krank zu werden. Es muss sich mit der Welt verbinden und von sich wegkommen, sich aus jeder Isolierung befreien. Es muss nun selber aktiv werden: VOM ICH. Der Drang des Ich, von sich wegzukommen, rührt daher, dass es unter seiner eigenen Fülle leidet. Es bringt daher etwas mit, was es der Welt schenken kann: AUS MIR und befreit sich damit von sich selbst. In der Welt wirkend, findet das ICH seine unvergängliche Existenz, sein höheres Ich: ICH INS ES.

Aufgrund dieser Erlebnisse können die kosmischen Beziehungen z.B. der sieben Hauptreimformen erkannt werden. Und auch hier lässt sich die Wirksamkeit der kosmischen Kräfte in den Wiederholungsformen erkennen. Was oben in der Tabelle als Zusammenfassung der verschiedenen Wiederholungsarten dargestellt ist, enthält bereits die Qualitäten, die mit den Planetenkräften zusammenhängen, sodass sich folgende Gesamtschau ergibt.

Saturn	DAS ES	die reine Wiederholung
Sonne	AN ES	die Schlusswiederholung
Mond	IN ES	die Anfangswiederholung
Mars	ICH	die Innenwiederholung
Merkur	VOM ICH	die Flechtwiederholung
Jupiter	AUS MIR	die Spiegelwiederholung
Venus	ICH INS ES	die Kranzwiederholung

Was hiermit nur abstrakt aufgezeigt werden kann, ist durch sachliche künstlerische Übung für jedermann zugänglich und kann deshalb auch in dieser Weise angeregt werden. Durch eine solche Betrachtung möge sichtbar werden, dass es sich in der lebensvoll übersprudelnden Kindersprache nicht um Zufälligkeiten handelt. Tiefe geistige Wirksamkeiten sind anwesend, die am Kind bilden und es zum Menschen werden lassen. Ein bewusster Umgang mit diesen Kräften wird in Zukunft zu entscheidenden Erziehungshilfen besonders für die Kindergärtnerinnen führen.

Überblickt man die Gesamtheit der Kinderverse, wie sie uns vom Anfang des 19. Jahrhunderts überliefert sind, als die Kinderwelt noch in ihrem vollen Leben stand, so wird man bemerken, dass die Wiederholungssprüche einen Großteil der Sprachspiele ausmachten. Dabei finden sich alle sieben Wiederholungsformen in reicher Auswahl. Das heißt, dass jedes Kind damit vertraut war und spielend damit umging. Bedenkt man, dass in den sieben Gestaltungen der Sprüche kosmische Kräfte wirken, so kann ihr menschenbildender Wert deutlich werden.

Im Umgehen mit diesem Sprachgut verbanden sich die Kinder mit einem Kräftestrom, der sie bildete und ihre Entwicklung förderte. Reine Gesundheit erwuchs ihnen aus diesem Sprechen. Dem kindlichen Ätherleib aber flossen aufbauende, ernährende Kräfte zu.

So stellt sich die dringende Frage: Kann dieses Gut für die Zukunft erhalten werden? Wie müssen diese Wiederholungsformen heute gestaltet werden, um sich den veränderten Zeitverhältnissen anzupassen? Manches wird sicherlich aus alten Zeiten übernommen werden können. Anderes wird neu zu greifen sein. Damit die reichen Schätze alter Zeiten nicht verloren gehen, müssen wir uns fähig machen, aus den sieben Gestaltungsformen neue, zeitgemäße Sprachspiele zu entwickeln.

Anmerkung zu den Reigentänzen

■ Die meisten Wiederholungsverse werden in Kreistänzen ausgeführt. Dies gibt mir den Anlass, vertiefende Gedanken dazu anzumerken. In dem Buch *Dreh dich nicht um* von Rudolf Kischnick und Will van Haren werden die Grundformen aller Kindertänze beschrieben.[12] Die Beschäftigung mit den Säulenworten von Rudolf Steiner hat mich dahin geführt, in diesen Grundformen die kosmischen Urbilder zu suchen.

Die folgende Darstellung möchte ich gerne als einen Versuch zu einer solchen Betrachtung hier mitteilen.

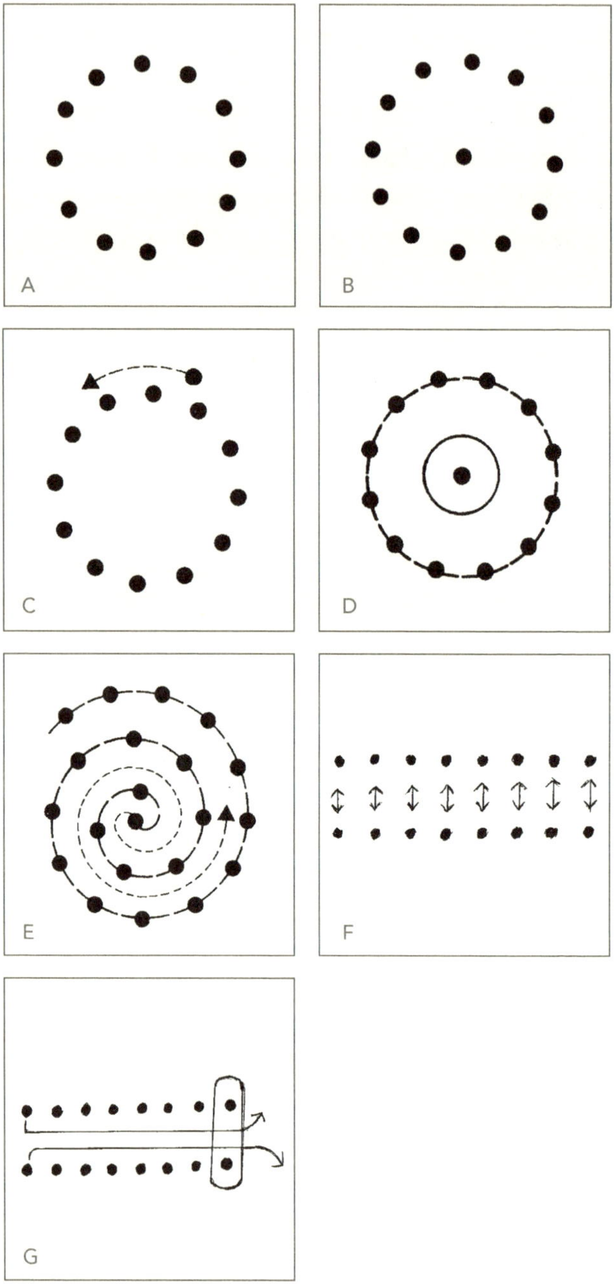
A
B
C
D
E
F
G

A: Die einfachste Form eines Reigentanzes ist der Kreis, der etwa ab 3 ½ – 4 Jahren infrage kommt. Die Kinder stehen mit oder ohne gefasste Hände in Kreisform. Man spricht oder singt ein Verslein. Der Kreis kommt nach links oder rechts, nach vorn oder hinten, oder jedes einzelne Kind mit sich selbst in Bewegung …

B: Ein neues Element tritt in den Reigentanz, wenn ein Kind in den Kreis hineingeführt wird und z.B. als Geburtstagskind besungen wird. Der ganze Kreis ist dem Kind sympathisch zugewandt. Dieses kann nun Gebärden zu dem ausführen, was gesungen wird …

C: Ein nächster Schritt ist, wenn ein Kind den Reigenkreis verlässt und nach außen tritt. Es sondert sich von der Gemeinschaft ab, wird eigenständiger. Jetzt gibt es wieder eine Fülle von Spielen, z.B. Abschlagspiele … Es ist wohl zu bemerken, dass der Kräftestrom, in dem sich das ausgeschiedene Kind nun befindet, verstärkt nach innen drängt. Mit dem Geburtstagsreigen mache ich es z.B. so, dass das Geburtstagskind von einem Sonnen- und einem Mondenkind zunächst außen um den Kreis geführt wird, um dann durch ein Tor in den Innenraum hineingeführt zu werden. Ist das Kind noch klein, so findet nun der Reigen in der beschriebenen B-Form statt. Ein älteres Kind aber darf nun …

D: … eigenständig von innen her den Reigen bestimmen. Es sucht sich einen Tänzer, dreht sich um sich selbst usw. Das Wesentliche dabei ist, dass das Kind in der Lage ist, eigene kleine Entschlüsse durchzuführen.

E: Eine weitere Entwicklung der Reigentänze tritt ein, wenn die Erzieherin oder auch ein älteres Kind die Gruppe aus der Kreisform in eine neue Form führt. Es bildet sich eine Schlange, die einen neuen Kreis bildet, sich in eine Spirale hineinwindet, oder sich frei durch den Raum bewegt ...

F: Stellen sich nun in einer Reihe jeweils zwei Kinder gegenüber und beginnen miteinander in Austausch zu treten, indem sie aufeinander zugehen, sich trennen, Plätze tauschen usw., so treten sie in eine neue, ganz individuelle soziale Beziehung miteinander.

G: Wird nun aber ein Tor gebildet, indem sich zwei Kinder die Hände reichen und die anderen auf verschiedene Weise nacheinander durch dieses Tor wandern, so tritt ein neues Erlebnis ein. Die Kinder treten durch das Tor in neue Räume, in eine neue Welt hinein. Und nun können gemeinsam neue Formen gefunden werden.
Auch Formen mit Kreuzungen führen zu solch einem Erlebnis. ■

In diesen angedeuteten Tanzformen sind die Urformen aller komplizierteren Tänze zu erkennen. Gleichzeitig spiegelt sich darin eine Entwicklung aus der Gruppe in die Ich-Form, in der eigene Entschlüsse gefasst werden können, um dann in neue soziale Zusammenhänge zu finden.

Die zunächst harmlos und willkürlich erscheinenden Tänze beginnen somit ihre kosmische Dimensionen zu zeigen. Diese haben ganz fraglos eine kräftigende und unterstützende Wirkung auf die Kinder. Der Weg zu den Planetenkräften, wie es oben bei den Wiederholungsformen beschrieben ist, lässt sich deutlich erkennen.

Reigenform	*Säulenwort*	*Planetenkraft*
A: Einfacher Kreis	DAS ES	Saturn
B: Kreis mit dem Kind in der Mitte	AN ES	Sonne
C: Ein Kind im Umkreis, außen	IN ES	Mond
D: Freier Entschluss des Kindes im Mittelpunkt des Kreises	ICH	Mars
E: Schlange	VOM ICH	Merkur
F: Zwei Reihen stehen sich gegenüber	AUS MIR	Jupiter
G: Durch das Tor gehen	ICH INS ES	Venus

Geht man künstlerisch und spielerisch mit den Tanzformen um, dann werden sich immer Formen finden lassen, durch die auch die kleineren Kinder mit einbezogen werden können.

Mischform

Viele Kindersprüche, die Wiederholungsformen aufweisen, sind Mischformen der sieben beschriebenen Grundformen. Als Beispiel sei hier ein Gedicht angeführt, das zunächst eine besondere Form der Schlusswiederholung darstellt, insofern diese nur einmal wiederholt wird.

Dafür gesellt sich jetzt als Innenwiederholung das Motiv «Wunder» hinzu.

Ich will euch was erzählen
Von der Muhme Rählen.
Denn die Muhme hat ’nen Garten.
Und das ist ein Wundergarten.
In dem Garten steht ein Baum.
Und das ist ein Wunderbaum.
An dem Baum, da ist ein Ast.
Und das ist ein Wunderast.
Auf dem Ast, da ist ein Nest.
Und das ist ein Wundernest.
In dem Nest, da ist ein Ei.
Und das ist ein Wunderei.
In dem Ei, da ist ein Vöglein.
Und das ist ein Wundervöglein.
Und das Vöglein sagt: Piep piep!
Ich hab’ euch lieb, so lieb!
Volksgut

Dieses Verslein soll hinleiten zu einem besinnlichen und ruhigen Moment. Das Sprüchlein erzeugt bei den Kindern Erwartung für das Kommende. Ein Spannungsbogen wird aufgebaut zum Mittagsschlaf. Zuvor aber dürfen die Kinder, schon im Bettchen liegend, als Überleitung zum Schlafen ein Märchen anhören.

Damit ist, ohne irgendwelche ordnenden Worte zu verlieren, die nötige ruhige Stimmung vorbereitet. In dem Bild dieses Verses erleben die Kinder auch die liebevolle Hinwendung der Erzieherin zu ihnen.

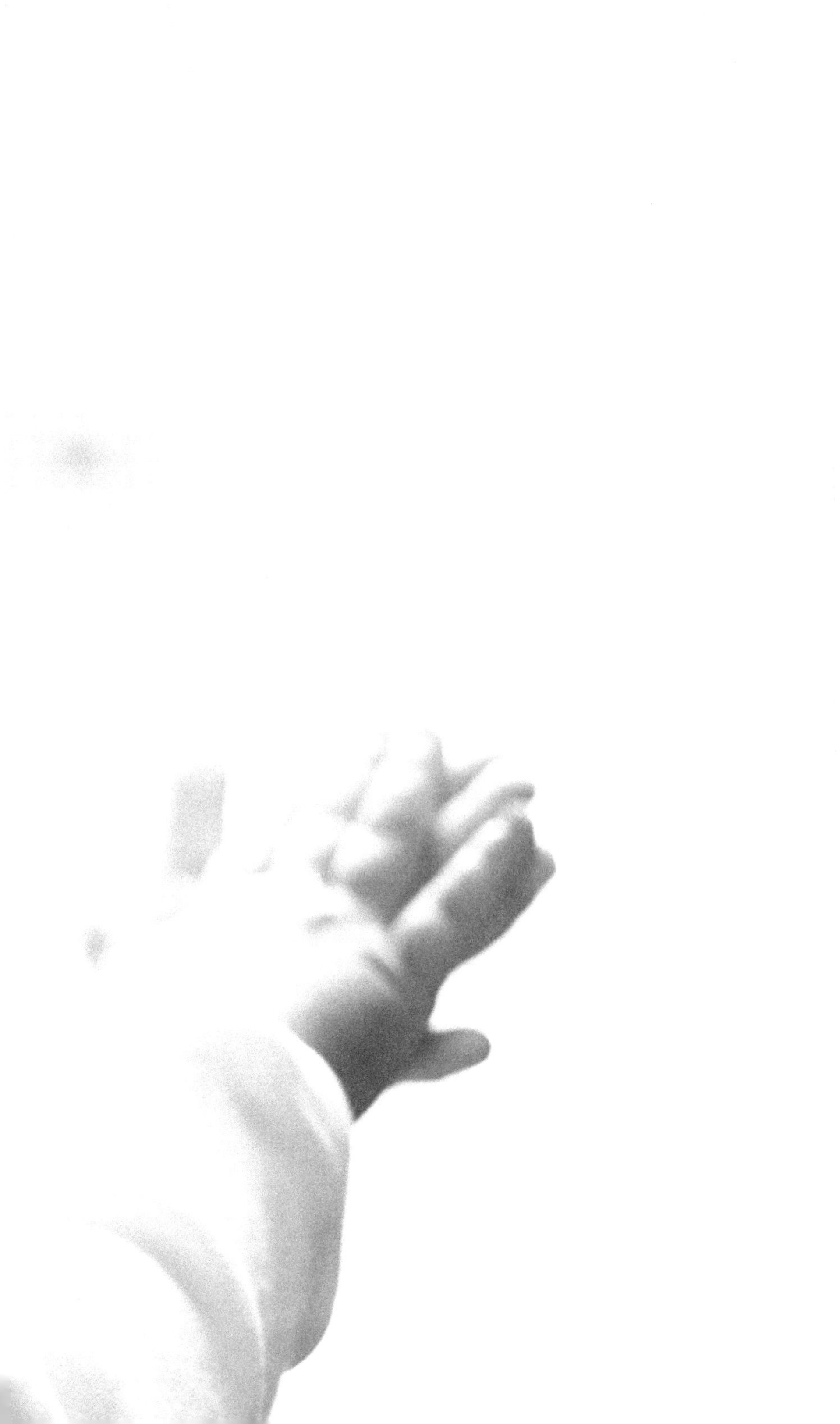

Die Handgestenspiele von Wilma Ellersiek

Die Schöpfungen von Wilma Ellersiek kommen nur in der Einheit von Sprache und Geste in rechter Weise zum Ausdruck. Dennoch sei es erlaubt, im Folgenden einige Verse im Hinblick auf die Wiederholungsformen anzuschauen. Es soll dadurch in keiner Weise das Gesamtkunstwerk von Wilma Ellersiek beeinträchtigt werden.

Mit den Handgestenspielen von Wilma Ellersiek liegt uns eine Arbeit vor, die Kindersprache in neuer Weise ganz aus der kindlichen Welt heraus zu schaffen. Musik, Gesang, Sprache, Gestus, Tanz und Spiel, die für das gesunde kindliche Gemüt noch eine Einheit sind, finden sich in ihren Spielversen vereint. Die liebevoll durchgearbeitete Gestensprache aber erschließt dem Kind die so wesentliche innere Bilderwelt wieder, die es zum Aufbau seiner Leibesorganisation braucht. Die beeindruckende Konsequenz, mit der die Gebärden durchgeführt werden, führen das kindliche Bewusstsein aus der Zerstreuung durch eine äußere, technische Bilderwelt in die aufbauenden inneren Fantasiewelten. Es werden sich in Zukunft manche Erziehungsweisen entwickeln, wie man dem Kind wieder zu seiner Kindheit verhelfen kann. Alle diese Wege werden aber die Suche nach der inneren Bildhaftigkeit zu eigen haben müssen.

Da es in dieser Darstellung besonders auf die Sprachkräfte ankommt, die in den Kinderversen wirken, muss hier darauf verzichtet werden, die Gesamtheit der Darstellung von Wilma Ellersiek zu berücksichtigen. Die Melodien, Handgesten und

Beschreibungen sind in den einschlägigen Büchern zu finden (siehe Literaturverzeichnis). Es soll nur gezeigt werden, dass diese Spielsprache ganz den oben beschriebenen Formen und Gesetzen folgt, die einer Zeit vor dem Einbruch der Technik entstammen, als das Kinderspiel noch gesund war.

Zwei Beispiele für die reine Wiederholung

Wenn ich in meinen Garten geh',
seh' ich dort Blümlein weiß wie Schnee.
Schneeglöckchen, Schneeglöckchen, die zarten,
blühen, blühen in meinem Garten,
blühen, blühen in meinem Garten.

Sie rufen: ting-ting-ting-ting-ta! –
der Frühling kommt, er ist schon nah.
Schneeglöckchen, Schneeglöckchen, die zarten,
läuten, läuten in meinem Garten,
läuten, läuten in meinem Garten.

Am Abend gehen sie zur Ruh
und schließen ihre Blüten zu.
Schneeglöckchen, Schneeglöckchen, die zarten,
träumen, träumen in meinem Garten,
träumen, träumen in meinem Garten.

Die Bilder wiegen in sich selbst. Alles träumt, kehrt in sich selbst zurück.

Di-del-di-del-di-del-dum, gehen wir im Kreis herum,
immer rund herum, ei, di-del-di-del-dum,

ei, di-del-di-del-dum, rund herum, rund herum!
Di-da-di-da-di-da-dum, hüpfen wir im Kreis herum
immer rund herum, ei, di-da-di-da-dum,
ei, di-da-di-da-dum, rund herum, rund herum!

Im Kreis Gehen und Hüpfen, darum geht es. Und alles dreht sich da herum.

Beispiel für die Schlusswiederholung

Ich will jetzt nach draußen gehen!
Aus dem Haus tret' ich hinaus.
Kann kaum etwas sehen.
Nebel – Nebel – überall,
Langsam muss ich gehen.

Gehe vorsichtig voran:
Taste – taste – halte an …
Kann kaum etwas sehen.
Nebel – Nebel – überall,
Langsam muss ich gehen.

Gehe vorsichtig voran:
Taste – taste – bleibe stehen.
Kann kaum etwas sehen.
Nebel – Nebel – überall,
Langsam muss ich gehen.

Ich geh zurück ins Haus hinein
und warte auf den Sonnenschein!

Ein richtiger Refrain ist hier entstanden. Mit jedem Wiederholen wird der Nebel dichter. Er saugt das Vorausgehende ganz in sich auf.

Zwei Beispiele für die Anfangswiederholung

Es fliegen, fliegen, fliegen all die Vögelein,
Sie fliegen, fliegen, fliegen in die Welt hinein.
Fliegen, fliegen, fliegen munter hin und her,
Fliegen, fliegen, fliegen und sie freu'n sich sehr.
Fliegen, fliegen, fliegen in ihr Nest hinein,
ins Nest hinein, hinein.

Es ist wunderbar, wie sich das Fliegen mit dem Folgenden im inneren Bild differenziert und steigert und wie das Verslein dann zur Ruhe kommt.

Der Wind, der schickt seine Kinder aus,
Sie kommen aus dem Windhaus heraus!
Horcht einmal, ob ihr wohl wisst,
welches dieses Wind-Kind ist?
SCH – SCH – schschsch,
SCH – SCH – schschsch?

Der Rauschewind raschelt im Busch:
SCH – SCH – schsch –
Mal laut: SCH – SCH,
mal leise: schschsch.
So tönt die Rauschewindweise:
SCH – SCH – schsch!

Der Wind, der schickt seine Kinder aus,
Sie kommen aus dem Windhaus heraus!
Horcht einmal, ob ihr wohl wisst,
welches dieses Wind-Kind ist?
Phhh – phhh – phhh – phhh?

Der Blasewind bläst die Blätter vom Baum,
Phhh – phhh – phhh – phhh.
Und für dich vielleicht einen schönen Traum.
Phhh – phhh – phhh – phhh.

Der Wind, der schickt seine Kinder aus,
Sie kommen aus dem Windhaus heraus!
Horcht einmal, ob ihr wohl wisst,
welches dieses Wind-Kind ist?
Zi – za – zaus,
zi – za – zaus?

Der Sausewind kommt angebraust:
Er zi – za – zaust!
Er zi – za – zaust!
Und ist schon wieder weggesaust! –

Der Wind, der schickt seine Kinder aus,
Sie kommen aus dem Windhaus heraus!
Horcht einmal, ob ihr wohl wisst,
welches dieses Wind-Kind ist?
Hui – hui – drrrrr –
hui – hui – drrrrr?

Der Wirbelwind, der Wirbelwind dreht geschwind:
Hui – hui – rundherum.

Hui – hui – Wirbelwind.
Hui – hui – dreht geschwind! –

Der Wind, der schickt seine Kinder aus,
Sie kommen aus dem Windhaus heraus!
Horcht einmal, ob ihr wohl wisst,
welches dieses Wind-Kind ist?
Suuu – suuu –
Suuu – suuu? –

Der Wiegewind, der weht und singt:
Suuu – suuu – suuu – suuu.
Horcht nur, horcht, wie schön das klingt.
Suuu – suuu – suuu – suuu!

Jetzt laufen alle heim geschwind!
SCH – SCH – sch – der Rauschewind!
Phhh – phhh – der Blasewind!
Zi – za – zaus – der Sausewind!
Hui – hui – drrr – der Wirbelwind!

Bleiben tut nur der Wiegewind,
er singt ein Lied fürs liebe Kind.

Wie bei der Schlusswiederholung der Refrain, so wird hier aus der Anfangswiederholung eine richtige Strophe. Diese lässt die Erwartung auf das immer Neue ständig wachsen, sodass aus der ganzen Windgeschichte ein richtiges Ereignis wird.

Beispiel für die Spiegelwiederholung

Wir spielen heute Fasching: Schim – Schum – Scha – !
Fi – Fa – Fi – Fa – Fasching: Tim – Tum – Ta – !
Machen dies, machen das. Machen Spaß – machen Spaß – !
Pimme pumme paag am Faschingstag – !

Ihr lieben kleinen Leute: Schim – Schum – Scha – !
Fasching spiel'n wir heute: Tim – Tum – Ta – !
Machen dies, machen das. Machen Spaß – machen Spaß – !
Pimme pumme paag am Faschingstag – !

Bei einer feinen Beobachtung wird man merken, wie in der zweiten Zeile der zweiten Strophe die allererste Aussage einfach umgedreht wird: «Wir spielen heute Fasching» wird zu «Fasching spiel'n wir heute». Man wird aber auch bemerken, wie durch diese Umkehrung ein kleines pfiffiges Aufwecken stattfindet.

Zwei Beispiele der Kranzwiederholung

Schneeflöckchen kamen vom Himmel geflogen,
haben die Erde weiß angezogen:
Der Zaun bekam Käppchen, das Dach einen Hut.
Kleine Käppchen, großer Hut.

Schneeflöckchen kamen vom Himmel geflogen,
haben die Erde weiß angezogen:
Die dicke Tonne bekam einen Kragen,
einen runden – weichen Kragen.

Schneeflöckchen kamen vom Himmel geflogen,
haben die Erde weiß angezogen:
Die Bäume wurden ganz eingeschneit,
sie bekamen ein Winterkleid.

Schneeflöckchen kamen vom Himmel geflogen,
haben die Erde weiß angezogen:
Die Wiese deckten sie weich und warm zu,
sie bekam eine Decke zur Winterruh!

Schneeflöckchen kamen vom Himmel geflogen,
haben die Erde weiß angezogen.

Alles, was vom Schnee bedeckt wird, wird liebevoll von der immer gleichbleibenden Strophe eingehüllt. Die wunderbar intime Stimmung des Schneefalles entsteht.

Sankt Michael, o steh uns bei,
hilf uns kämpfen, mach uns frei!
Wir bitten dich, uns beizustehn,
dass mutvoll unsern Weg wir gehn!
Sankt Michael, o steh uns bei,
hilf uns kämpfen, mach uns frei!

Du trägst das Schwert in deiner Hand,
zu schützen Menschen, Meer und Land.
Sankt Michael, o steh uns bei,
hilf uns kämpfen, mach uns frei!
Du winkst und rufst: «Kommt, folget mir!»
Geh du voran, wir folgen dir.
Sankt Michael, o steh uns bei,
hilf uns kämpfen, mach uns frei!

Dieser Spruch, der bei Wilma Ellersiek gesungen wird, hat fast eine rituelle Wirkung, wie man es bei Gebeten im Mittelalter findet. Die drei Innenaussagen bekommen durch die einhüllende Kraft der Wiederholungen eine besondere Innigkeit.

Der Reim in der Kindersprache

Der Reim ist reine Sprachmusik, hat nichts mit einem Inhalt zu tun. Im Herz der Silbe, am Vokal, setzt er an und klingt in den Schluss der Silbe hinein, kann auch kleine Folgesilben wie Endungen ergreifen. Ein wenig Nachlauschen verlangt er vom Sprecher, vom Zuhörer. Er trägt dazu bei, dass ein Vers poetisch wird. Sein Weggefährte ist der Rhythmus.

Betrachtet man die Kinderverse auf den Reim hin, so muss man feststellen, dass er unabdinglich dazugehört. In der Regel, wenn nicht bestimmte Intentionen vorliegen, z.B. bei den Wiederholungen, sind die Verse gereimt. Wer mit der Fülle der Reimmöglichkeiten vertraut ist, wird schnell bemerken, dass die Sprüche für kleinere Kinder fast alle im Paarreim sind, der einfachsten Reimform: a a b b c c ... Oft sind ungereimte Zeilen dazwischen. Das ändert aber nichts am Charakter des Paarreims. Dieser einfachste Reim gibt den Kindern auf sprachliche Weise Sicherheit.

Verse, in denen der Schweifreim (a a b c c b) oder der Kreuzreim (a b a b c d c d) vorkommen, gehören in der Regel bereits dem Schulkindalter an. Oft haben diese Sprüche bereits die Eigenart des Volksliedhaften oder sind durch ein dichterisches Bemühen von fantasievollen Erwachsenen für die Kinder entstanden. Die Namen dieser Dichter kennt man nicht mehr.

Wer die sprachliche Entwicklung der Kinder beobachten kann, wird entdecken können, dass die Kleinen etwa im vierten und fünften Jahr damit beginnen, Reimworte aufzusuchen. Mit großem Spaß gehen sie daran und haben eine heidnische Freude daran, wenn sich die inhaltlich widersprechendsten Worte ausgerechnet reimen (Mutter, Futter, Kutter, Butter ...).

Bei vielen Versen ist es interessant zu beobachten, wann sich einmal etwas nicht reimt. Da ist es dann wie ein Aufwachen und Stutzen darüber, dass plötzlich etwas ganz für sich dasteht, trocken und nüchtern. Auch muss der Reim gar nicht so rein sein, wie es von der Dichtung gefordert wird.

Mäh, Lämmlein mäh,
Das Lämmlein läuft im Wald,
Da stieß sich's an ein Steinchen,
Tat ihm weh sein Beinchen,
Da schrie das Lämmchen mäh!

Mäh, Lämmlein mäh,
Das Lämmlein läuft im Wald,
Da stieß sich's an ein Stöckelchen,
Tat ihm weh sein Köppelchen,
Da schrie das Lämmchen mäh!

Da stieß sich's an ein Sträuchelchen,
Tat ihm weh sein Bäuchelchen.
Da stieß sich's an ein Hölzchen,
Tat ihm weh sein Hälschen,
Da schrie das Lämmchen mäh!
Volksgut

Da in den angeführten Versen genügend Anschauungsmaterial vorliegt, soll hier auf weitere Beispiele verzichtet werden.

Spiel und Spaß mit Reimwörtern

■ Wir sitzen beim Essen. Einige Kinder sind schon fertig und müssen warten, bis das letzte Kind seinen Teller geleert hat. Man kann solche Situationen mit Humor ergreifen. Fängt ein Kind an, am Tisch zu kaspern, oder wird fletzig, so sage ich: «Die Anne mit dem grünen Rock, sitzt grad am Tisch, so wie ein Stock.» Und: «Jonathan der Lange, biegt sich wie eine Tanne.» – «Ich sag dem Jonathan, er ist ein Gockelhahn.» Meist beginnen dann die Kinder zu betteln: «Sag jetzt was von mir.» Dann mache ich die Runde, mit jedem Namen, und denke mir einen Reim dazu aus. Komme ich nicht weiter, so denken die Kinder mit, und wir suchen gemeinsam nach ordentlichen Reimsätzen. Jeder kann selbst zu seinem Namen ein passendes Reimwort suchen, wie z.B. Anne – Tanne, Luise – Wiese, Merle – Perle, Tom – komm, Pascall – Vasall, Marie – Knie, Henriette – goldne Kette.

Eine Erhöhung der Alltagssprache schafft immer eine besonders freundliche Atmosphäre. Statt dass ich sage: «Reich mir die Butter», lasse ich dann raten: «Die Mutter, die braucht Butter, sie fährt auf einem ...?». Sofort fällt den Kindern Eigenes ein, und sie sind eine Weile mit Wortreimen beschäftigt. Manchmal mache ich ein Spiel darüber, wie viele Reimwörter wir finden, und zähle mit den Fingern dazu. Ich bin oft erstaunt, was den Kindern einfällt. ■

Laut- und Sprachspiele

Wie an vielen Kinderversen zu sehen ist, die im Kapitel über die Wiederholungen beschrieben worden sind, lieben die Kinder das Spiel mit den Lauten, vorwiegend mit sinnlosen, aber dafür äußerst originellen Vokal- und Konsonantenverbindungen. (Der Begriff «sinnlos» ist die offizielle Bezeichnung für die inhaltlosen Kinderverse.) Das weist darauf hin, dass die Ausbildung der Sprache etwas vom Gedankenbilden Unabhängiges ist. Die kindliche Tätigkeit wendet sich ausschließlich dem Spiel mit den Lauten zu. Ein reicher Fundus an inhaltlosen Versen liegt uns vor. Noch größer wird der Schatz, wenn wir die vielen Sprüche hinzunehmen, die innerhalb eines inhaltlichen Geschehens Lautspielereien hineinstreuen wie

Viovioline, Viovioline, la la la la la la
Simsalabimbambasaladusaladim
Billewillewitt, mein Mann ist krank!
In der bimbambolschen Kirche
Auf dem vivabunten Berg
Tross tross trüllchen
Es kommen zwei Herren aus Ninive. Heissa fiffilatus.
Viderallala, viderallala, viderallalalala ...

Rudolf Steiner legt in seiner Sinneslehre dar, dass der Sprachsinn ein eigener Sinn in der menschlichen Organisation ist. In den ersten Jahren der Kindheit wird dieser Sprach- oder auch Wortsinn entwickelt. Und ab einem bestimmten Zeitpunkt der kindlichen Entwicklung spielen die Kinder ganz frei damit. Karl König beschreibt in seinem Buch *Die ersten drei Jahre des Kindes* sehr deutlich, wie der Sprachsinn herangebildet wird und wie sich langsam zu einem späteren Zeitpunkt das erste Üben des Denkens einstellt.[13] Dass Sprechen und Denken unterschiedliche Tätigkeiten sind, kann jedermann feststellen, wenn er sich dabei beobachtet, wie es ihm ergeht, wenn er einen gefassten

Gedanken in Worte zu bringen versucht, besonders wenn sich dies als schwierig erweist. Auch beim Übersetzen eines Gedankens in fremde Sprachen kann man das bemerken. Die Kinder üben den Sprachsinn, wenn sie voller Freude die sinnlosen Lautspiele sprechen.

Schon die ersten Geräusche des Babys, die ersten Plapperspiele des Säuglings, haben es mit der Erschließung des Sprachsinns zu tun. In den späteren Versen erreichen diese Übungen eine gewisse Höhe. Und erstaunlicherweise spielen diese Verse auch noch eine beachtliche Rolle, wenn die Kinder längst Inhalte ausdrücken können. Auch in der Dichtung ist diese Seite der Sprache im Dadaismus einmal in Erscheinung getreten. Christian Morgenstern hat mit seinem «Das große Lalula» dazu einen originellen Beitrag gegeben.

Meist sind diese Lautspiele aus dem Volksgut Abzählverse. Die Kinder wetteifern damit, wer den lustigsten Vers hat. Hier sind sie also:

Enter tenter tiramenter
Enter tenter – weg

Ribbedi rabbedi robbedi ru
Ellerli sellerli siggerli su
Ene mene mu
Wer lacht nu
Das bist du

Ohne drohne
Dante rohne
Itta fitta futt

Eller zeller
Zibbel zabbel
Nebbel bebbel
knoll

Ong drong dreoka
Lembo lembo seoka
Seoka di tschipperie
Tschipperie di kolibri
Ong drong dreoka

Ene mene mink mank
Pink pank tink tank
Use wuse wapp dich
Eie weie weg

Eenede meenede mickede mo
Awede bawede bomgardo
Ecks drecks – loch

Annchen dannchen
Diddchen daddchen
Ewerde bewerde
Bittchende battchen
Ewerde bewerde bu
Ab bist du

Eene meene mieno
Galleredde sieno
Galleredde ispusedde
Ispusedde galleredde
Galleredde – aus

Itzen ditzen silberschnitzen
Alle Finger dürfen sitzen

Rummedeho
Rummedeho
Ea dea do

Ele mele mink mank
Pink pank
Ore nore aka deia
Eia weia – weg

Ohne bone dust
Und du musst

Ix ax u
Aus bist du

Ein zwei drei
Nicke nacke nei
Nicke nacke Nuss
Und du bist druss

Ea dea do
Kapermännchen mo
Kapermännchen idali
Ea dea do

Enne denne dubbe denne
Dubbe denne dalia
Emme bemme bembio
Bio bio buff

Eene meene
Dunke funke
Rabe schabe
Dippe dappe
Kaiser lappe
Diele puffe
Aus

Elleri selleri sibberi sa
Sibberi sabberi knull

Ene dene ditsche datsche
Bibbele bibbele
bumdiknatsche
Bibbele bibbele bab
Und du bist ab

Ene dene ditsche datsche
Zimmerne bimmerne bonche
batche
Zimmerne bimmerne puff

Enzele zenzele zizele zä
Eichele beichele knöll

Beim sprachlichen Betrachten dieser Versauswahl fällt sogleich auf, dass hier mit den Vokalen gespielt wird. Bei «Ribbedi rabbedi robbedi ru» wandern die Vokale vom I über A und O zum U, vom hellsten zum dunkelsten Vokal. In der nächsten Zeile «Ellerli sellerli siggerli su» geht es vom E zum helleren I und stürzt dann in das dunkle U. Oder es setzt im E an: «Eene meene» und landet im U:

«Dunke funke», geht dann zum offenen A: «Rabe schabe», um beim spitzen I anzukommen: «Dippe dappe» und zum A zurückzugehen. Dann kommen Ai und A: «Kaiser lappe» und Ie und U: «Diele puffe». Schließlich endet das Ganze mit dem dunklen Au: «Aus». Dabei liegt in allem eine starke Empfindung für den Gegensatz zwischen den hellen Nervenlauten E, I und Ei und den dunklen Blutlauten O, U und Au. Das kleine Verslein «Itzen ditzen silberschnitzen – Alle Finger dürfen sitzen» begnügt sich mit dem feinen, spitzen I, das die Sprache hell und strahlend macht. Die Hälfte der Beispiele beginnen in einer E-Stimmung, d.h. der Sprecher fängt ganz bei sich mit der Sprache an, um dann alle möglichen anderen Stimmungen aufzusuchen.

Dies kann nur angedeutet werden, um auf die Freude und Wahrnehmungsart der Kinder hinzuweisen. Für den Sprachkenner ist es übrigens ein Hochgenuss, bei Kindern ab dem vierten, fünften Lebensjahr oft eine Schönheit der Sprache beobachten zu können, die sich dann leider später, oft mit der Pubertät, verliert. Konsonantisch gesehen ist z.B. das «Enter tenter tiramenter Enter tenter – weg» eine herrliche T-Übung. Bei «Ohne drohne – Dante rohne – Itta fitta futt» steht das schwere, plumpe D dem konzentrierten, aufrechten T gegenüber. «Eller zeller – Zibbel zabbel – Nebbel bebbel – knoll» spielt mit einem vollsaftigen L neben einem kurzen, immer energischer werdenden B. Vorwiegend werden Zahn-Zungenlaute und Lippenlaut gewählt, weniger Gaumenlaute wie bei «Eene meene mieno – Galleredde sieno ...», was mit dem Wachstum der Kinder zusammenhängt. Darauf wurde hingewiesen.

So könnte jede dieser Sprachschöpfungen auf ihre Feinheiten hin untersucht werden, um am Ende schließlich wiederum den Sprachgenius etwas bei seiner unermüdlichen

Tätigkeit beobachten zu können. Diese sinnlosen Verse werden für den, der sie mit Sprachgefühl wahrzunehmen vermag, ein sprudelnder Quell reinster Spracherlebnisse.

Es gibt einen Bereich, kaum bemerkt, in unserer Erwachsenensprache, in dem wir ganz im sinnlosen, d.h. inhaltlosen Sprechen leben. Das ist der Bereich der Namensbildung. Kein Name ist mit einem Bild oder Begriff zu identifizieren. Das ist uns unsympathisch. Deshalb legen wir zwischen das Lautgebilde und unser Bewusstsein Ersatzbilder. Jeder Namenskalender liefert uns daher bedeutende Persönlichkeiten als Namenspatrone. Früher waren es oft Heilige, Engel. Heute blickt man gerne in Bezug auf die Namen auf bedeutende Persönlichkeiten. Geht man aber von diesen Gestalten weiter zurück, so bleibt nur noch der Name als reine Laut-Silben-Gebärde zurück. Was ist das? Der Name ist allerdings gegenüber den sinnlosen Kinderversen festgelegt. Bei den Kinderversen hat man es mit einer überaus schöpferischen Tätigkeit zu tun, die jeden Augenblick neue Formen gebären will. Einmal war die ganze Menschheit während ihrer Entwicklung in dieser Lage. Davon berichtet uns die Genesis des Alten Testamentes 1. Moses 2 / 19: Gott setzte den Menschen in das Paradies, dass er sähe, wie er alles benennen würde. Damals entstanden die ersten Namen, die sich dann im Verlauf der Geschichte bis zu den heutigen Namensformen verändert haben.

Hier ein freier Versuch eines Lautspieles:

Brockle drockle dummperdumm
Hillerheller schuderum
Hillerbeck
Brocklekleck
Dummperdumm

Schuderum
Flirrum flarrum fluderum

Doch nun kommt die Kindergärtnerin wieder zu Wort über die unbewusste Wirkung der Sprache in Verbindung mit den verschiedenen Tätigkeiten und als Helfer im Tagesablauf.

Backe backe Kuchen,
der Bäcker hat gerufen.
Wer will feinen Kuchen backen,
der muss haben sieben Sachen.
Eier und Schmalz,
Butter und Salz,
Milch und Mehl,
Safran macht den Kuchen gel.
Volksgut

■ Dieses erste Liedchen mit der einfachen Melodie kennt jeder. Als Kind hat man es gesungen, sich nie Gedanken gemacht, was z.B. Safran ist. Erst als Erwachsener denkt man darüber nach. Für Kinder ist es ein geheimnisvolles Wort, das in Beziehung zum Backen gebraucht wird. Jede Erklärung dessen würde das Geheimnis zerstören. ■

Ene bene Bohnenblatt
Wie viel Kühe sind noch nicht satt?
Sieben Geiß und eine Kuh,
Sankt Peter schlägt die Stalltür zu
und schmeißt den Schlüssel übern Rhein:
morgen wird schön Wetter sein.
Volksgut

■ Dieser Abzählvers birgt auch ein solches Geheimnis wie oben. Wenige Kinder haben eine Beziehung zu Bohnenblättern, zu Geißen und Kühen. Wozu der Text? «Bene» heißt «gut». Es gibt viele Verse, die mit «Ene mene» oder «Ene bene» beginnen. Sankt Petrus war für mich als Kind ein großer Mann mit Schlüssel. Die Freude war groß, als ich ihn später im Evangelium des Matthäus (16,16-19) entdeckte, als Jesus zum Apostel sagte: «Und ich will dir des Himmelreichs Schlüssel geben.»

Die den jeweiligen Lebensaltern angemessenen Weisen des Erkennens gehen oft auf solche Bilder aus der Kindheit zurück. Ein Geheimnis der Kindheit wird später zur Frage, zum Interesse für etwas. Mit den Bildern verbinden sich Gefühle, die helfen, sich die Welt vorzustellen. Das ist von großer Wichtigkeit für das spätere Leben. Die alten Kinderreime haben ihre eigene Logik. Oft steckt eine tiefe Weisheit in den Bildern, auch in der Wahl der Bilder. In ihnen verbergen sich Traditionen, seit vielen Generationen überliefert.

Im Volksgut der Verse steckt die Volksseele, wie auch in den Märchen. In der Sprache kann das gepflegt werden. Unbewusst wirkt man mit den Bildern der Sprache. Im begleitenden Sprechen bei Tätigkeiten helfen die Konsonanten und Vokale mit ihrer Bewegungskraft, vertiefend und stärkend den Leib aufzubauen. Die Freude am Tun erhöht sich. Der Rhythmus bringt den Atemstrom in richtigen Fluss. Die Laute «R-M-L» rufen ein leiblich-seelisches Wohlgefühl hervor. Das «M» ist überhaupt einer der ersten Laute, die das Kind spricht. Und das R-rrrr, ein Gurgellaut, entsteht so mit acht bis zehn Wochen.

Beispiel «Kornmahlen mit der Handmühle»

Mahle, Mühle, mahle,
Wasser rinnt zu Tale.
Wasser rinnet Tag und Nacht,
Bis das Korn zu Mehl gemacht.
Herkunft unbekannt

Auf jeden Drehschwung des Mühlrades spreche ich ein Wort und koste das «M» aus.

Meister Müller, mahl' mir meine Metze Mehl,
morgen muss mir meine Mutter Milchmus machen.
Volksgut

Diesen Spruch verwende ich für schneller drehende Kinder. Ich sitze immer dabei und begleite die Tätigkeit und jedes Kind. Meistens sind wenigstens vier Kinder beteiligt, die sitzen und mit dem Holzlöffel das von der Handmühle rieselnde Mehl über der Schüssel auffangen – und auch manchmal naschen. Hier kann eine Verbindung von Wohlgefühl und Sprache entstehen.

Beispiel «Teig kneten»

Wer nicht tüchtig kneten kann,
ist kein rechter Bäckersmann.
Packe zu, spar keine Kraft,
durch und durch den Teig geschafft!
Hand und Arm und Finger drückt.
Jeder Klumpen wird zerstückt.
Jedes Teil das andre fand.

Mächtig fühlt das Mehl die Hand.
Greife fest und schaff' und schweig'.
Gottes Segen wirkt im Teig!
Elisabeth Klein

Der Trochäus hilft dabei, den Teigklumpen bei den Längen zu bewegen. Die Anfangskonsonanten unterstützen das plastische Kneten mit den Fingern. Die Kinder sind mit dem ganzen Körper beteiligt, und die Atmung wird tiefer.

Beispiel «Beim Schrotbrei-Rühren»

Lirum, larum, Löffelstiel,
wer dies nicht lernt,
der kann nicht viel.

Oder:
Lirum, larum, Löffelstiel,
alte Weiber essen viel.
Junge müssen fasten.
Das Brot, das liegt im Kasten.
Das Messer liegt daneben.
Ach, was wär' das für ein Leben!
Volksgut

Der Rhythmus unterstützt hier vor allem das Kreisen des Kochlöffels. Am Anfang ist der Brei schön leicht breiig zu rühren, und das «L» schmiegt sich herrlich an. Ein oder zwei kleinere Kinder stehen meistens auf der Fußbank neben mir am Herd und sind an meinem Tun beteiligt.

Selbst zu Holzarbeiten findet sich ein Spruch:

Ricke, racke, ricke, racke,
Geht die Säge mit Gekracke.
frei nach Wilhelm Busch

Meistens muss ich den Kindern, bevor sie das Werkzeug selbst in die Hand nehmen, zeigen, wie es geht, und spreche selbst dazu. Mit dem Spruch kann ich die Schnelligkeit gut korrigieren, wenn z.B. manche Kinder ins Kaspern kommen oder flüchtig werden. Jeder Stoß zwei Silben, so wird gleichmäßig gesägt. Das rollende «R» gibt die Bewegung mit den fallenden Spänen wieder, und das «ck» ist für mich der Willensimpuls, wie die Zähne greifen. Den Vorgang finde ich regelrecht «musikalisch».

Beispiel:

Wolle, Wolle wickeln kann kein Kind.
Wolle, Wolle wickeln wie der Wind.
Walle, walle, Welle,
wickel nicht so schnelle,
wickel nicht so wilde,
wie der Wind.
Alfred Baur

Jede Zeile reicht für eine Wickelung auf das Knäuel. Dann wendet man es. Hier kommt die äußere Bewegung derjenigen vom «W» und «L» entgegen. Der ordnende Rhythmus und die passende Lautbewegung sind den Versen gemeinsam.

Abzählreime helfen wunderbar bei der Artikulation der Laute. Die Lautbewegung sollte ganz bewusst und melodisch gesprochen werden. Beispiel:

Elleri Sellerie sickerli su.
Elleri Sellerie sick.
Enele menele benele,
ippele sippele seppele knoll.
Volksgut

Die Freude geht bis zum knoll: Wer wird es sein? Die Größeren dürfen auch allein abzählen. Ihnen sind die Sprüche bekannt.

Ablenkungssprüche: Einen Jambus für ein Kind, das trotzt:

Der Wächter auf dem Turme
Blies in sein Messinghorn.
Da geriet der Stier im Stalle
in fürchterlichen Zorn.
Er jagte durch die Mauer,
er stürmte in das Feld,
er rannte über den Haufen
die ganze große Welt.
Josef Guggenmoos

Wenn das Kind nicht still sein will:

Die Bären brummen,
die Bienen summen,
die Katzen miauen,
es krächzen die Pfauen,
Die Mäuse pfeifen,
die Affen keifen,
die Löwen brüllen,
es wiehern die Füllen.

Die Tauben gurren,
die Hunde knurren,
die Störche klappern,
die Kinder plappern.
Und ginge das nicht in einem fort,
kämen die Fische auch zu Wort.
Josef Guggenmoos

oder:

Alte Eule in der Eiche
gibt den Kindern gute Lehr:
Hör ich viel, so werd' ich still,
werd' ich still, so hör ich viel.
Volksgut aus Nordamerika

Bedeutungs- und geheimnisvoll gesprochen, erzielt dieses Sprüchlein die gewünschte Wirkung, und die Kinder werden ruhig und hören zu.

Wenn ein Kind im Reigen unaufmerksam ist, hilft mir oft der Spruch:

Fritz, Fratz, Friederich, sei doch nicht so liederlich.
Volksgut

Mit den Händen klopfe ich abwechselnd auf die Oberschenkel, dann auf den Rücken; dann die Hände vor der Brust kreuzen, wieder zu den Füßen, dann in die Hände klatschen, oder einen Sprung zum Schluss. Schon kommt Humor auf, und eine solche Situation ist gerettet. Man braucht nicht zu schimpfen und zu belehren. Die Kinder können in ihrem Ich nicht verletzt werden, sondern bleiben in ihrer Welt.

Sie werden so an einem unsichtbaren Faden geleitet und vergessen Unmut oder ihre Unaufmerksamkeit.

Die Sprüche wenden sich überhaupt nicht an den Intellekt des Kindes. Dadurch kann sich Freude an der Sprache entwickeln, und das kommt ihrem Spieltrieb und ihrer Fantasie entgegen. Sie «haschen» gern von den Lippen des Erwachsenen. Er sollte sich mühen, deutlich, freudig und mit gewisser Wichtigkeit die Worte zu artikulieren. So kann die Sprache unbewusst kräftigend auf den physischen Leib und den Ätherleib wirken, und das Kind kann sich seelisch damit verbinden. Der tiefere Sinn dieser rhythmischen Sprüche erhellt sich an den grundlegenden Äußerungen der *Allgemeinen Menschenkunde als Grundlage der Pädagogik* Rudolf Steiners: «Alle gewöhnliche Unterweisung im verstandesmäßigen Sinne, alle gewöhnliche Ermahnung, alles, was für die Erziehung in Begriffe gefasst wird, wirkt in dem Alter, das für die Erziehung in Betracht kommt, noch gar nicht auf das Kind.» Der Erfolg liegt vielmehr in der Wiederholung immer gleicher Verse.

Spaß muss auch sein. Es passiert im Spiel mindestens einmal am Tag, dass ein Kind zu mir klagend, empört, angelaufen kommt und sagt: «… der hat zu mir Blödmann gesagt oder Doofer» etc. Einen Moment stutze ich und sage: «Aha.» Dann sage ich ernst und laut: «Geh hin und sage: Er ist eine verrostete Waschmaschinentür oder eine matschige Tomate. Wenn er nicht aufhört, verzaubere ich ihn zu einem fliegenden Kirschkernhopser.»

Im Nu lauscht alles auf, das weinende Kind schaut fröhlich drein, und aus dem Grimm wurde Spaß. Schnell ist man versöhnt. Mit Staunen kommen auch andere Kinder angelaufen, haben Feuer gefangen und bringen selber ausgedachte Wortbilder heraus. Ist die Situation entspannt, lässt man es so stehen. Wird's übermütig, so kann man sagen: «Nun müssen wir die Waschmaschinentür ölen und wieder einhängen.» Auf jeden Fall muss zu einer hinweisenden Tätigkeit geführt werden, wie: «Ich sammle einmal die Tücher ein, die können dann gewaschen werden, und ihr dürft eure Werkstatt aufräumen ...»

Wenn man im epischen Erzählton ein Bild hinstellt, um zur Normalität überzugehen, wird das dazu führen, dass wieder Ruhe und Besinnung einkehrt. ■

Das Erzählen

Zu den besonders intimen Geschehnissen im Kindergarten gehören sicher die Erzählstunden. Was ist ihr Sinn? Warum lieben die Kinder gerade die Märchen so überaus? Manche Erzieherinnen können besonders gut erzählen. Woran liegt das? Auch ist der Beruf der Märchenerzählerin immer häufiger in unserer Zeit zu finden. Er kommt einem Bedürfnis entgegen, nicht nur der Kinder, auch mancher Erwachsener, das alte, reiche Märchengut in unserer Gegenwart wieder aufleben zu lassen.

Wie so oft gibt uns Rudolf Steiner dazu ganz besondere Hinweise. Wir finden sie in den Anregungen zum künstlerischen Sprechen. Nach den künstlerischen Gestaltungsmöglichkeiten gehört das Märchen der Stilform der Epik an. Alle Erzählformen sind epischer Natur, besonders auch die in der Mythologie überlieferten Berichte, wie z.B. die *Edda* oder die *Ilias* und *Odyssee* von Homer, die *Kalevala* aus Finnland usw. Über den epischen Stil äußert sich Rudolf Steiner in folgender Weise:

«Es kann der Mensch, indem er spricht, vorzugsweise betätigen die dumpfen Regungen des Lebens, die sonst gar nicht zum Bewusstsein kommen. Es kann dies so herausgeholt werden aus dem Bewusstsein wie die Tatsache, dass man wächst: Es ist eine Tätigkeit im Kinde, dass es größer wird, es geht etwas vor. Wenn das Kind sprechen lernt, ist es nur ein Übertragen dessen, was das Kind in den anderen Organen gemacht hat, auf die Sprachorgane. Wenn die Poesie in Urzeiten ergriffen wird, ist das, was darin an poetischer Gestaltungskraft lebt, nicht viel anders als eine Betätigung der vom Körper frei gewordenen *Wachstumskräfte*. Und so muss man empfinden die *epische* Darstellung. Sie verläuft so, dass der Mensch die am meisten unbewussten Kräfte entfesselt. Der Mensch ist *episch* künstlerisch, so wie er wächst. Innerhalb des epischen Sprachstroms sind wir namentlich tätig in den Lauten, die vorzugsweise durch den *Gaumen* gebildet werden. Daher können wir, wenn wir Gaumenlaute üben, den *epischen Stil* uns aneignen. Und wir können ohne mystisches Verzücktsein, wenn wir episch stilhaft an den Gaumenlauten üben, gewahren, dass wir mit unserm Ätherleib arbeiten. Also: Gaumenlaute üben, heißt seinen *Ätherleib* anstrengen.»[15]

Es gibt also eine Sprechart, die jene Kräfte im Menschen aufruft, durch die er einmal gewachsen ist. Das sind die epischen Kräfte. Und wenn wir in richtiger Art Märchen erzählen, gestalten wir die in uns freigewordenen Kräfte des Wachstums. Das Kind aber ist in der Kindergartenzeit und der ersten Schulzeit ganz im Wachstumsprozess begriffen. Wenn es nun Märchen hört, nimmt es sprachlich wahr, worin es körperlich eingebunden ist. Somit kann man sagen: Märchen sind wie eine Ernährung für die Wachstumsprozesse. Deshalb lieben die Kinder die Märchen so.

Wenn Rudolf Steiner ausführt man erlerne das epische Sprechen so, dass man vornehmlich in der Region der Gaumenlaute die Sprache ergreift, dann verweist er uns auf das Schulungsmittel zum Erzählen der Märchen. Episches Sprechen unterscheidet sich deutlich vom dramatischen oder auch lyrischen Sprechen. Der Sprachduktus wird im Gaumenbereich sehr voll und sachlich. Man ist ein Betrachter der Welt. Man gestaltet nicht seine Gefühle, begleitet aber die Bilder mit einer leisen Anteilnahme. Und das erleben die

Kinder als wohltuend. Wer aus den Märchen eine «Action» macht, Pathos hineinträgt, erreicht ganz das Gegenteil von dem, was das Kind sucht. Auch hat es sich gezeigt, dass die Kinder bei einer falschen Erzählweise unruhig werden, sofort aber wieder still sind, wenn richtig gesprochen wird. Es ist interessant, dass die Kinder gar nicht episch sprechen können. Ihre Stimmen sind hell, klar, dringen weit in den Umkreis. Die Epik dagegen fordert vom Erzähler ein In-sich-Gehen, ein Angekommensein auf dem Grunde der Seele. Es ist ein Seelenzustand des reifen Menschen.

Das epische Sprechen kann von Erwachsenen gelernt und geübt werden. Es ist eine besondere Schulung, die durch die anthroposophische Sprachschulung erarbeitet werden kann, stellt also eine Aufgabe der Sprachgestaltung dar. Man lernt dabei, die Kräfte des Ätherleibes, des Gedächtnisleibes anzustrengen, aus dessen Schatz man die Märchen holt.

Um das Besprochene praktisch zu verdeutlichen, sollen zwei Texte miteinander verglichen werden.

Heute ist's am Niklaustage!
Drum müsst ihr fein artig sein.
Denn schon bald kommt er herein.
Räumt die Stube sauber auf!
Wascht die Hände alle drauf!
Spitzt die Ohren und lauscht fein
Auf des Niklaus' Glöckelein.
Denn er kommt vom Himmelszelt
Runter auf die Erdenwelt.
Und sein Schlitten gleitet leis'
Über sanftes Wolkengleis.
Glöckchen haben seine Pferde.
Läuten leis' bis hin zur Erde.

Mit diesem Verslein will man ganz konkret die Kinder ansprechen, sie zum Aufräumen bewegen und auch etwas die Stimmung für den kommenden Nikolaus vorbereiten. Nun aber den Anfang des Märchens «Marienkind» aus Grimms Märchen.

«Vor einem großen Walde lebte ein Holzfäller mit seiner Frau, der hatte nur ein einziges Kind, das war ein Mädchen von drei Jahren. Sie waren aber so arm, dass sie nicht mehr das tägliche Brot hatten und nicht wussten, was sie ihm sollten zu essen geben. Eines Morgens ging der Holzhacker voller Sorgen hinaus in den Wald an seine Arbeit, und wie er da Holz hackte, stand auf einmal eine schöne große Frau vor ihm, die hatte eine Krone von leuchtenden Sternen auf dem Haupt und sprach zu ihm: ‹Ich bin die Jungfrau Maria, die Mutter des Christkindleins: du bist arm und dürftig, bring mir dein Kind, ich will es mit mir nehmen, seine Mutter sein und für es sorgen.›»

Ganz anders als beim Niklausvers will man hier nicht die Kinder direkt ansprechen. Man will vielmehr das Hören der Kinder in das Märchen hineinholen. Wie man vorhin mit der Sprache auf die Kinder zugegangen ist, so geht man jetzt mit der Sprache ganz in die Bilder hinein. Man muss beim Märchenerzählen die Außenwelt vergessen können und die Bilder aufblühen lassen. Das gelingt am besten, wenn man sich selbst, so gut man kann, zurücknimmt. Drückt man eigene Gefühle ins Erzählen, so entstellt man das Märchen. Ein stilles Mitempfinden genügt. Man nimmt sonst dem Kind seine eigenen Empfindungen für das Erzählte weg. Es gehört also eine gewisse Selbstlosigkeit dazu. Beim Niklausvers geht meine Sprache zum Ohr der Kinder hin. Beim Märchenerzählen hole ich das Hören der Kinder an meine Lippen. Im ersten Fall bekommt meine Sprache einen leicht rufenden Charakter, im zweiten Fall bleibt die Sprache in sich gehalten. Mit dem Terminus technicus der Sprachgestaltung ausgedrückt, deklamiere ich im ersten Fall und rezitiere im zweiten.

Ein weiterer Hinweis Rudolf Steiners findet sich im vierten Vortrag des *Dramatischen Kurses.* Dort heißt es: «Wir wollen versuchen, dasjenige uns praktisch jetzt anzuschauen, was sich dadurch offenbart, dass im trochäischen Versmaß (– v) ebenso wie im daktylischen (– v v), sich das Erzählende zum Ausdrucke bringt.

Es ist einfach der ursprünglichen Empfindung angemessen, Erzählendes in Trochäen darzustellen, und man empfindet auch, dass man am leichtesten den Ton der erzählenden Darstellung im trochäischen Versmaß finden kann. Damit aber wird zu gleicher Zeit am trochäischen Versmaß die Kunst vorbereitet, Prosa zu sprechen, die mehr instinktiv in die Sprachwerkzeuge, in das Herz eindringen muss.»[16]

Mit diesen Hinweisen ist ein weiterer Weg zur Schulung eines sachgemäßen Erzählens gegeben. Während die epischen Übungen den Sprachboden vorbereiten, kommt hier aus den rhythmischen Kräften eine andere Qualität hinzu. Denn das Besondere des Trochäus liegt darin, dass an ihm in innigster Weise die seelische Anteilnahme am Erzählgeschehen erübt wird. Man lernt am Trochäus, bis in das Lautgefühl hinein mit ganzer Anteilnahme den Text zu durchdringen. Damit ist nicht gemeint, dass man während des Erzählens auf die Laute achten solle. Vielmehr kommt es darauf an, dass man durch das vorbereitende Üben von Trochäen eine sichere Fähigkeit zum richtigen, selbstverständlichen Umgang mit der Erzählsprache erlangt. Das muss bei der Erzieherin in gewisser Weise habituell sein und kann auch durchaus erübt werden. Auch hier gibt die Sprachgestaltung die nötigen Hilfestellungen.

Manchmal tritt die Meinung auf, man solle Märchen im Trochäus erzählen. Wer das kann, soll es ruhig versuchen. Gemeint ist aber von Rudolf Steiner, dass man die grundsätzliche Stimmung des Erzählens am Trochäus erarbeiten solle, um aber dann die Märchen in diesem Duktus in Prosaform vorzutragen, eben in der Form, in der sie uns in den Märchenbüchern überliefert sind.

Zur Vorbereitung des trochäischen Sprechens empfiehlt Rudolf Steiner das Üben von Daktylen und Hexametern (– vv – vv – vv ' – vv – vv – vv). Besonders an Letzterem lernt man, liebevoll sachlich mit den Inhalten eines Geschehens umzugehen, den Strom der Ereignisse für sich selber sprechen zu lassen. Hier seien nun je ein kleiner Vers für den Hexameter und für den Trochäus angeführt. Wohlgemerkt, diese Beispiele sind zur eigenen Vorbereitung der Erzieherin geeignet, nicht für die Kinder. (Im Hexameter dürfen nach der Zäsur Kürzen stehen.)

Hexameter

Märchen, sie leiten die Seele ' ins Zauberland heimlicher Welten,
Öffnen die Pforten uns ganz ' zu des Himmels Wundergezelten.

Trochäus

Jedes Märchen ist voll Trauer.
Wenn die Fee, die Hex' erscheint,
Wird das Leben bitter, sauer.
Und das Mägdlein weint und weint,

Bis Erlösung löst die Bande,
Und der Prinz in seine Lande
Führt die Jungfrau glücklich heim,
In der Liebe Sonnenschein.

Doch lassen wir an dieser Stelle wieder die Kindergärtnerin sprechen.

■ Wir wollen den Kindern Sinnbilder vor die Seele stellen, in die sie eintauchen können, Sinnbilder auch für die Jahresfeste. Für Himmelfahrt begleitet uns in der Gruppe die Geschichte von der «Raupe Blau». Mindestens drei Wochen erzähle ich, als kleines Spiel mit Figuren, diese Geschichte. Eines Tages begann ich, besonders auf den sprachlichen Rhythmus zu achten. Sowie ich mein Bewusstsein auf den Rhythmus lenkte, konnte ich meinen persönlichen Gefühlsstrom besser heraushalten und mich ganz auf die Bilder einlassen. Die ganze Geschichte erzählte ich im Trochäus: – v. Dabei kamen auch die Vokale besonders schön zum Schwingen und ließen die nötige epische Märchenstimmung entstehen. Sie stellen den jeweiligen Charakter des Wortes, der Figur heraus. Wie z.B. die dicke Raupe: R*au*pe, bl*au* vergn*ü*gt, W*ie*sent*au* Bl*ü*ten, Gr*a*s, h*ie*r und d*o*rt.

Sowie die Beweglichkeit durch den Schmetterling ins Spiel kommt, wird das Tempo etwas angezogen. So entsteht ein dynamischer Wechsel zwischen langsam – schnell, wenn man will mehr phlegmatisch – mehr sanguinisch. Dabei ist nicht zu vergessen, wie wichtig es für die Kinder ist, sich in ihrem Temperament wiederzufinden, sich genüsslich darauf einlassen zu können. Man denke an die großköpfigen Kinder, die, wie die Raupe, Freude am Essen haben und dabei den Sanguinikern bei ihrem Tun gern zuschauen. Die

Bewegung der Figuren wird dem Tempo angepasst, und so bleibt die Lebendigkeit in der Sprache erhalten. Hat man selbst die Erwartung und das Staunen über jeden neuen Schmetterling, der erscheint, so helfen die Laute uns, ganz im Wortcharakter anwesend zu sein.

Die angehenden Schulkinder möchten dieses Spiel gern ihren Eltern zum Abschluss des Kindergartenjahres vorspielen. In meiner Gruppe war ein überdurchschnittlich großer, kräftiger, aufgeweckter Junge, Florian, der gern alle übertönte, gern Geschichten hörte und vor allem Schlagzeug liebte. Jeden Tag gab es ein vergnügliches Trommelkonzert mit Klötzen, kleinen Instrumenten, mit allem, was er fand. Natürlich musste er in der Lautstärke immer gebremst werden. Als nun alle ihre Schachtel mit den Schmetterlingen und der Raupe fertiggestellt hatten, übten wir dreimal das Spiel, und beim vierten Mal wurde es den Eltern vorgeführt. Vor allem hatte der große Florian den Sprachrhythmus verinnerlicht, führte die Gruppe tonangebend, ganz genau an. Dabei war er ganz aufmerksam und geduldig, wartete, bis jedes Kind seinen Schmetterling richtig in der Hand hielt und gemeinsam weitergespielt werden konnte. Der Rhythmus trug alle Kinder durch die Geschichte, sodass sie sich getrost um die Führung ihrer Puppen kümmern konnten und ein kleiner gemeinsamer Sprechchor entstanden war. So konnte auch ein Kind, das etwas langsamer in der Konzentration war, mitgetragen werden. Das war eine Überraschung, die mich auf die Vertiefung der Rhythmen und ihre Anwendung neugierig machte.

An diesem Geschichtchen wurde mir sehr deutlich, wie gründlich sich der Erwachsene den Rhythmus erarbeiten sollte, dass nicht nur der Tagesrhythmus mit seinen Wiederholungen die Kinder in ihrer Geborgenheit schützt, sondern dass sie auch der Sprachrhythmus sozial trägt, dass er ihnen Sicherheit im Tun gibt und sie im Auftreten ihrer Persönlichkeit stützt.

Die Raupe Blau

Eine Raupe, dick und blau,
kriecht vergnügt im Wiesentau,
nascht von Blüten, nascht vom Gras,
findet hier und dort etwas.

Kommt daher ein lustig Ding.
Ist ein weißer Schmetterling.
Ruft die Raupe: «Komm zu mir,
spielen, ich bin einsam hier.»

«Will nicht, kann nicht, keine Zeit,
bis zum Bache ist's noch weit,
dort, wo die Kastanien blühn,
will ich mich im Tanze drehn.»

«(Wie) dumm, dass ich 'ne Raupe bin,
ach, wie gern ging ich dorthin»,
denkt die dicke Raupe Blau,
(und) trinkt ein Tröpfchen Wiesentau.

Kommt daher ein lustig Ding.
Ist ein roter Schmetterling.
Ruft die Raupe: «Komm zu mir,
spielen, ich bin einsam hier.»

«Will nicht, kann nicht, keine Zeit,
bis zum Bache ist's noch weit,
dort, wo die Kastanien blühn,
will ich mich im Tanze drehn.»

«(Wie) dumm, dass ich 'ne Raupe bin,
ach, wie gern ging ich dorthin»,
denkt die dicke Raupe Blau,
(und) trinkt ein Tröpfchen Wiesentau

(«Kommt daher … ein blauer Schmetterling» usw., jedes Mal alles wiederholen)
(Beim letzten Schmetterling, wickelt sich die Raupe ein mit – Will nichts hören … kommt also nur einmal)

Will nichts hören, will nichts sehen,
will mich in mein Fädchen drehen.»
spinnt sich in den Faden ein,
will im Haus alleine sein. –

Ei, was rührt sich dort im Haus,
kommt die Raupe blau heraus?
Nein, es ist ein andres Ding,
ist der schönste, größte Schmetterling:

«Schmetterling mit Elfenflügel,
fliege über Tal und Hügel.
Fliege hin zum Fest der Deinen,
Dich im Tanze zu vereinen.»
(Herkunft unbekannt)

(Danach ein Lied)

Freie Geschichten im Spiel

Im Kindergarten ist der Freiraum dafür gegeben, nach Herzenslust nachzuahmen. Das Freispiel öffnet alle Möglichkeiten. Ein Puppenspiel, von mir vorgeführt, oder ein Märchen erzählt, regt die Kinder an, selber zu spielen und ein Puppenspiel aufzubauen. Das geschieht meist auf dem Teppich und nimmt einen großen Platz ein. Für die Zuschauer werden Stühle gestellt. Ein Kind spielt Glockenspiel dazu, ein anderes oder mehrere Kinder führen die Figuren. Die Vorschulkinder erzählen oft selber eine Geschichte zu ihrem Aufbau. Gerne werde ich geholt, und aus dem Stegreif, passend zu ihren Figuren, entsteht die Geschichte.

Erst einmal benennt man die Figuren und beginnt mit dem, was man als Vorgaben sieht. Zum Beispiel: «Es waren einmal ein Schäfer und seine Frau, die hatten zwei Kinder, Lisa und Paul. Jeden Morgen, nach dem Frühstück, sprangen sie hinaus. Die Sonne stand schon hoch am Himmel, und es war warm. Zuerst begrüßten sie die Tiere, brachten den Pferden jeder einen Arm voll Heu und liefen zum Brunnen, um Wasser zu holen. Dann sprangen sie an den Bach, der in der Nähe vorbeifloss. Am Ufer spielten sie mit den Steinen, Blumen und gruben kleine Löcher, füllten sie mit Wasser. Einmal kam eine bunte Ente geschwommen. Paul wollte sie fangen und fiel dabei ins Wasser. Die Ente breitete ihre Flügel aus, schnatterte und flatterte davon. Seine Schwester zog ihn wieder heraus. Er legte sich ins Gras auf die Wiese und ließ sich von der Sonne trocknen …»

Die Geschichte kann endlos weitergeführt werden, irgendwann muss man sie zu einem Ende führen, wie: «Am Abend, bevor es dunkel wird, laufen die Kinder nach Haus.» Hier können noch kleine Tierbegegnungen angeführt werden. Beim Erzählen können viele Details eingeschoben werden, die Wiese mit den verschiedensten Blumen, die Vögel, die auf den Bäumen zwitschern, die Zwerge, die hinter dem Stall wohnen, die Katze, die auf dem Dach sitzt. Je feiner man das Bild beschreibt, desto mehr wird die Fantasie angeregt. Auch die Tätigkeiten, wie Springen, Gehen, Pflücken, Klettern, Schlafen, Tanzen, Klopfen, bringen Bewegung ins Geschehen und können immer wiederholt werden. Das übt nicht nur das Hören, sondern auch die Motorik. Die Gebärde gehört zur Sprache und lässt sie lebendig werden. Genauso können charakteristische Bewegungen der Tiere erzählt werden: Der Fuchs schleicht, der Bär tappt …

Fehlen mir bei den größeren Kindern die Ordnung und die Formkraft für eine schöne Ausführung des Spiels, so binde ich das mir Wichtige ins Erzählen ein, und schnell wird es von den Kindern aufgegriffen und verändert. Zum Beispiel bekommt die Prinzessin eine Krone, oder ein Mädchen hüllt sich in ein feines Tuch, das Haus bekommt einen schönen Gartenzaun. Die kleinen Zuschauer warten geduldig, und es stört sie gar nicht, wenn das Spiel dadurch unterbrochen wird. So kann man sie regsam anleiten. Die kleineren Kinder sitzen manchmal die ganze Spielzeit dabei, sehen zu und erleben mit.

Genaue Beobachtung der Natur und der Arbeitszusammenhänge helfen uns bei den Bildbeschreibungen für solch kleine Geschichten. Der eigentliche Inhalt ist gar nicht wichtig. Die Kinder sind im Tun und wollen das Gehörte und ihre inneren Bilder in der Fantasie umsetzen. Manchmal vergessen sie dieses sogar, behalten die Figur in der Hand und versinken ins Zuhören.

Einmal hatte ich z.B. einen vierjährigen Jungen. Er

hatte auf einem Brett Klötze, Kochgeschirr und ein paar Tiere stehen, in der Hand eine Maus. Ich sollte zuschauen kommen. Erst brabbelte er unverständlich vor sich hin, war aber ganz vertieft. Dann steckte er die Maus mal hierhin, mal dorthin. Das ging so zehn Minuten, und er sagte mit einem Stoßseufzer: «Ei, das war eine lange Mausgeschichte.»

Kleinere Kinder sprechen nicht laut mit, sondern führen nur die Puppen. Sie erleben in ihrem Inneren real die Geschichte und Sprache mit.

Sprachschöpfungen

Mit knapp fünf Jahren, erzählen die Kinder selber zu ihren Geschichten. Alles wird feierlich hergerichtet, vom Erwachsenen abgeschaut. Eine getragene Stimmung ist im Tonfall des Erzählens. Sie bemühen sich um die Märchensprache, um eine gehobene Sprache, dadurch, dass sie die Wörter beugen oder neu schöpfen. Vorsilben wie ge-, ver- werden an die Wörter gehängt und in der Vergangenheitsform gesprochen, die Grammatik gebeugt.

Hier ein Beispiel: Der König gangte zum Schloss; die Königin war in Verdankung; der Riese wurde eingedünnt; der Schmetterling flog auf ein Königsblatt (weil es so schön bunt war) … Von allein sprechen sie rhythmisch, mit Betonungen. Selten erlebt man ein profanes Sprechen. Meistens handelt es sich auch um Prinzen und Prinzessinnen.

Hier schaffen sich die Kinder durch die Sprache und die Bilder, die in ihr leben, ihre eigene Hülle. Diese gestalten sie sich selber, in dem Bedürfnis nach Wahrem, Schönem und Großem. Das führt zu einem starken Erleben und dem Gefühl von Echtheit. Da sind sie selber ganz dabei.

Vom Rollenspiel

Einige Vorschulkinder hatten eine Eurythmieaufführung eines «Irischen Märchens» der 7. Klasse erlebt. Die Geschichte hatte sie so beeindruckt, dass diese eine ganze Weile im Freispiel fortlebte. Sie schoben die Tische als Bühne zusammen, stellten darauf die Stühle als Thron und verkleideten sich. Es waren sieben Kinder. Ich sollte erzählen, doch konnte ich dieses Märchen nicht genauso wiedergeben und erfand also eine ähnliche Geschichte, nicht so lang.

Wieder begann ich: «Es waren einmal ein König und eine Königin. Die hatten eine Tochter, eine schöne Prinzessin ...» Eines der Kinder war Pferd, eines Zauberer, eines Königssohn, eines Jäger. Nun versuchte ich, wiederholte Handlungen zu suchen, ließ z.B. den Königssohn immer wieder zum Schloss reiten, sein Pferd abstellen und vor den König treten, um seine Erlebnisse zu berichten. Der König hob sein Zepter und befahl, noch einmal loszuziehen und von Neuem zu versuchen, die Prinzessin, die vom Zauberer immer wieder in etwas anderes verwandelt und eingesperrt wurde, zu befreien. Der Jäger aber, der durch den Wald ging und sich hinter dem Baum versteckte, belauschte die Zaubersprüche und erzählte sie dem Königssohn.

Die Einwürfe, die von den Kindern selbst kommen, lasse ich natürlich zu, warte auch, wenn sie die Rollen tauschen. Im Ganzen kann man so ein Spiel wunderbar führen. Danach sind die Kinder erfüllt und befriedigt. Jedes Kind verkleidete sich nach seinen Ambitionen, war in seiner Rolle, identifizierte sich damit und tauchte ins Geschehen ein.

Dabei stört das Spiel der anderen Kinder im Raum überhaupt nicht. Das zeigt, wie vertieft sie in ihrem Tun sind.

Wichtig ist, die Märchenstimmung durch das epische

Erzählen entstehen zu lassen, Ruhe und Bilder der Sprache beizugeben. Die beiden Beispiele sind wunderbare Gelegenheiten, sich darin zu üben, Geschichten zu erzählen, den Sprachausdruck in seiner Vielfalt auszuschöpfen und den Kindern nahezubringen, ihren Hunger nach inneren Bildern zu stillen. Wenn die Kinder nicht durch das Fernsehen verbildet sind und noch ihren gesunden Fantasieschatz einbringen können, kann der Erzieher an der Spielart und Stimmung der Kinder gleichsam ablauschen, was das Wesen der epischen Erzählung ausmacht. Er kann dann von den Kindern selbst lernen, wie sie die Märchen und Geschichten in rechter Weise haben wollen. ■

Die Ikone als Idealbild und Orientierung für kindliche Entwicklung

■ Als ein Vorbild für die innere Haltung, die unsere Arbeit im Kindergarten leiten kann, bietet sich die Betrachtung der russischen Ikone an. An ihr kann erlebt werden, was das aus der geistigen Welt kommende Kind zunächst auf der Erde sucht. Es bringt den Himmel mit und will zunächst das Himmlische auf der Erde wiederfinden, um daran zu wachsen, bis es die Kräfte ausgebildet hat, die ihm die Tüchtigkeit für das konkrete Leben gewährleisten. So soll an dieser Stelle eine kurze Ikonenbetrachtung eingebracht werden, um das Gemeinte zu verdeutlichen.

«Die prunkvollen Ikonen und andere Schmuckstücke der russischen Menschen sind früheste Zeugnisse, die bis ins heidnischen Slaventum zurückgehen und die sich aus dessen formender Begabung entwickelt haben. Diese Formkraft hat sich mit der Kunst aus Byzanz verbunden und blühte unter eigenständigen Aspekten auf. Sie nahm Einfluss auf die Entwicklung der Ikonen und formte schließlich ein Verständnis von Schönheit heraus, beim Kleinsten beginnend, sich in der ästhetischen Erziehung auf hohem Niveau und zu sittlichen Idealen vollendend.»[17]

Diese russische Kunst belegt eine Kontinuität bis ins 20. Jahrhundert hinein, nicht nur an den kirchlichen Werken, sondern an Werken einer freien, individuellen Kunst, vom Mittelalter bis in die Neuzeit.

«Auch die Suche nach dem Sinn des Denkens, die Betätigung der sittlichen Würde jeder Person, die poetische Deutung des menschlichen Themas der mütterlichen Liebe

Gottesmutter von Vladimir, Mittelrussland, K. Ulanov, um 1700

und der Brüderlichkeit verbinden die russische Kunst der Moderne mit besten Traditionen altrussischer Kunst und Kultur.»[18]

Die Ikone hat etwas Allgemeingültiges. Sie besitzt ein lebendiges, ausdrucksvolles Kolorit, eine im Umriss einfache Form und einen klaren Charakter. Das Thema Liebe und ewige Verbundenheit von Mutter und Sohn klingt in diesen Ikonen rein und zart. Die Gesten, Gebärden und Gesichter sind nicht persönlich und gefühlsbetont dargestellt.

Die Haare sind meistens von einem Tuch verhüllt und genau wie das Gewand rhythmisch in Falten gelegt, reich und fein verziert. Das Kopftuch ist zarter und durchlichteter gemalt. Es könnte auf das Weisheitsvolle hindeuten, so wie der goldene Schein auf das Göttliche. Das Körpergewand erscheint hingegen aus festem, schwerem Brokatstoff, auch von dunklerem, braunem bis rotem Ton. Das Kind ist ohne Kopfschmuck, aber mit einem goldenen Schein in anschmiegsamer, zarter Geste der Mutter-Gottes zugewandt. Es setzt sich durch hellere Farben zum Gewand der Mutter ab, manchmal aus dem Himmel herabblickend, oft aber mit der Haltung zum Gesicht der Mutter gewandt oder den Blick zum Himmel gerichtet. Die Geste der Mutter ist, das Kind haltend, stützend und immer zum Herzen deutend. Ihr Gesichtsausdruck ist liebevoll, freundlich, auch abwesend verklärt, ahnend. Der Gesamteindruck ist königlich geführt. Bewegung kommt nur durch rhythmische Gestaltung herein. Eher ist alles geformter, strenger gestaltet. Das Kind ist dagegen beweglicher dargestellt, vor allem im unteren, dem Stoffwechsel-Gliedmaßen-Bereich, auch Willensbereich genannt. Dort sind vordergründig die unteren Sinne des Menschen tätig: der Tastsinn, der Lebenssinn, der Gleichgewichtssinn und

der Bewegungssinn. Diese Sinne wollen besonders im Kindergartenalter gepflegt werden.

Durch die goldene Farbe werden die Gestalten zu etwas Göttlichem erhoben. Das Kind kann sich hineinleben, weil das Bild es freilässt. Empfindungen, wie Trauer, Schmerz oder Fröhlichkeit etc. sind nicht ausgedrückt. Eher wird die Verbindung zum Göttlichen, zu etwas sehr Schönem und Immerwährendem erkennbar. Entsprechend sollte bei der Erziehung des kleinen Kindes alles, was an es herangetragen wird – wie bei den Ikonendarstellungen –, dargebracht werden. Durch die ebenmäßigen Darstellungen erweckt die Ikone Ehrfurcht, Staunen, vielleicht sogar Religiosität, vor allem aber die Ausstrahlung einer tiefen Innigkeit.

Wenn es uns heute noch gelänge, ein Kind so eingehüllt und getragen zu wissen wie das Gotteskind im Arm der Mutter auf der Ikone, es wäre ein Schatz für die Zukunft der Menschheit. So wollen wir das Kind durch die uns zur Verfügung stehenden Mittel, wie rhythmische, sich wiederholende Abläufe, die wie Ein- und Ausatmen sind, einbetten. Durch eine gut geführte Sprache, die sich aus dem Alltagsleben heraushebt, mit einer schön gesprochenen, bewusst gepflegten Artikulation, kann das Kind noch etwas Besonderes erleben und auf dieser Grundlage später frei schöpferisch tätig werden. ■

Madonna der Erlösung, Mosaik aus der Basilica di Santa Prasede, Rom, 12. Jahrhundert.

Zur Therapie

Die Sprachtherapie im eigentlichen Sinne kann nicht Aufgabe der ErzieherInnen sein. Dafür sind sorgfältig ausgebildete Sprachtherapeuten zuständig, die in Einzeltherapie oder auch in Kleingruppen mit den Kindern üben. Dennoch gibt es manche Gesichtspunkte im Umgang mit der Sprache im Kindergarten, die den Kindern in der Entwicklung ihrer Sprache helfen können. Es genügt dabei vollkommen, bestimmte Rhythmen immer wieder mit allen Kindern zu sprechen. Sie tun allen gut. Und die sprachlich schwachen Kinder holen sich daraus ihre Hilfe.

Es gibt zwei Tendenzen in der Sprachentwicklung, die zu Störungen führen können. Die eine ist, dass der Sprachstrom sich nicht richtig lösen kann, und zu Stockungen, Stauungen beim Sprechen führen kann und letztlich beim Stottern enden wird. Hier gibt der Anapäst (v v –) eine vielerprobte Hilfe. Anfängliches Stottern im noch ganz bildsamen Alter der Kleinkinder kann manchmal schon durch regelmäßig wiederholtes Sprechen von einfachen anapästischen Versen in der Gruppe verschwinden. Später wird das Stottern dann sehr hartnäckig.

In der Nuss ist ein Kern.
Ei, den kost ich so gern.
Und die Schale, so fest,
Ist dem Kern wie ein Nest.
Wenn ich knacke die Nuss:
Wie das schmeckt! Ein Genuss!

Aus der Schale sodann
Ich ein Schiff machen kann
Mit dem Segel so weiß.
Und schon schwimmt es gar leis'.
Und nun pust' ich ganz fein ...
Sieh', es segelt allein!

Wie so hart ist die Nuss.
Was wohl drinnen sein muss?
In die Erde ich steck'
Meine Nuss. Sie ist weg.
Und ich gieße sie treu
Tag für Tag, immer neu.
Sieh, was spitzt da hervor?
Und was guckt aus dem Tor?
Immer höher es treibt,
Und ein Blättchen es zeigt.
Zu dem Blättchen ein Blatt ...
Und das Jahr, es wird matt.
Und das Blatt, es wird fahl.
Und der Baum, er steht kahl.
Und jahraus und jahrein
Wird ganz groß, was jetzt klein,
Wird voll Nüssen ein Baum,
Die man zählen kann kaum.

Die Verse beinhalten das gleiche Motiv, einmal herbstlich, einmal frühlingshaft. In dieser Weise – oder auch viel einfacher – kann sich die Kindergärtnerin mit ein wenig Übung selbst ihre Sprüche machen, wie sie sie braucht. Alles ist hier nur beispielhaft gedacht.
Die zweite Hilfe, die man Kindern im Allgemeinen geben

kann, wirkt bei mangelnder Fähigkeit, die Konsonanten zu bilden. Wenn die Sprache verwaschen, unkonturiert, schlecht verständlich ist oder wenn gar einzelne Konsonanten fehlen, ist der Daktylus (– v v) mit seiner strukturierenden Kraft immer ein Beistand für die formenden Kräfte. Auch hier genügt es, von Zeit zu Zeit immer wieder daktylische Sprüchlein von der ganzen Gruppe sprechen zu lassen. Es tut allen Kindern gut. Und diejenigen, die Schwierigkeiten in den formenden Sprachkräften der Konsonanten haben, holen sich das Ihre daraus. Hier ein Beispiel.

Hörst du die Zwerge
Hämmern im Berge?
– Poch poch poch Poch poch poch
– Poch poch poch Poch poch poch
Hörst du sie schlagen,
Hämmernd sich plagen?
– Poch poch poch Poch poch poch
– Poch poch poch Poch poch poch
Eisen sie hämmern
Drunten im Dämmern.
– Poch poch poch Poch poch poch
– Poch poch poch Poch poch poch
Zwerge, sie machen
Allerlei Sachen:
Schwerter und Schilde,
Waffengebilde,
Becher und Krüge,
Schaufeln und Pflüge …
– Poch poch poch Poch poch poch
– Poch poch poch Poch poch poch

Hörst du die Zwerge
Hämmern im Berge?
– Poch poch poch Poch poch poch
– Poch poch poch Poch poch poch
Hörst du sie schlagen,
Hämmernd sich plagen?

Den reinen Daktylus haben wir hier nur im Refrain. Die übrigen Reime sind im Versmaß des Adonis (– v v – v). (Der Name Adonis ist einem alten phönizischen Gott entlehnt.) Es fehlt am Schluss eine Kürze. Das macht aber nichts, im Gegenteil! Der Adonis wirkt hier in der richtigen Weise für den Daktylus. Mit einem solchen Vers kann man natürlich spielen, indem man z.B. die Kleinen nur den Refrain sprechen lässt, vielleicht hämmern sie mit Stöckchen dazu, während die Größeren den Text sprechen.

Und noch ein Verslein im Daktylus, ganz naiv:

Flattern die Vögelein
Hin zu dem Trögelein,
Picken die Krümelein.
Lachen die Blümelein.
Spielen die Winde fein.
Rauschet die Linde drein …
Vöglein, wie jubelt es,
Himmelwärts trubelt es.

Bei diesem Verslein muss man zunächst sehr darauf achten, dass man den Rhythmus mit der Genauigkeit eines Metronoms erfasst. Wenn man ihn so beherrscht, kann man damit frei spielen. Beachtet man das nicht, so verschleift man das Metrum leicht.

Eine Vertiefung dieser Angaben über die beiden Rhythmen ist durch das Studium des 3. Vortrags des Dramatischen Kurses von Rudolf Steiner möglich.[19]

Spruchgut
für die Kinder

In diesem Kapitel sollen weitere Beispiele von Versen zur freien Auswahl für die KindergärtnerInnen zur Verfügung gestellt werden.

Zwölf Rhythmen für Kinder

– v –

Hoppla Hopp!
Pferdchen, lauf!
Lauf Galopp
Berg hinauf!
Lauf Galopp
Berg hinab!
Lauf im Trab!

v –

Ein Wandersmann
Auf Stock und Stein
Hat Schuhe an,
Geschnürt und fein,
Hat einen Hut
Auf seinem Kopf!
Wer dies nicht tut,
Der ist ein Tropf.

v v –

Nun hinaus an die Luft,
Wo das Vöglein mich ruft,
Wo das Blümlein mich lockt
Und das Schnecklein still hockt,
Wo ich bau' mit der Hand
In dem goldenen Sand.

– v v –

Mittag ist nun.
Lasst uns nun ruh'n.
Lasst uns nun fein
Still, stille sein.
Äugelein schließt.
Träumend genießt
Wunder im Schlaf.
Schlaf, Kindlein, schlaf.

v – v

Die Bälle, sie rollen, sie fliegen, sie fallen.
Die Bälle, die runden, gefallen uns allen.
Wir werfen die kleinen, die großen im Kreise
Und lachen und jubeln und sind auch ganz leise.

v v – v

Wenn die Gretel mit dem Hänschen,
Wenn das Hänschen mit der Lore,
Wenn die Lore mit dem Franzel,
Wenn die Großen mit den Kleinen
In dem Walde sich verstecken,
Gibt es vieles zu entdecken.
Denn die Kinder muss man suchen

Unter Hecken, unter Buchen,
Denn die Kinder muss man finden
Unter Büschen, unter Linden.
(Die Namen können durch andere zweisilbige Namen ausgetauscht werden.)

v v – –
Wenn der Wind sacht'
Durch den Raum zieht
Und sich schlau macht,
Was er all's sieht,
Was zu tun ist,
Ob die Tür auf ...
Hui, da holt er
Einen Pustschnauf.
Und die Tür knallt,
Dass es weit schallt.
Und er schleicht fort,
Weg vom Schreckort.

v – – v
(So kommt Kinder. Die Hand reichet. Den Kreis schließet.)
Wir woll'n tanzen. Wir woll'n singen.
Es soll fröhlich die Luft klingen.
Den Fuß heben, den Fuß stellen,
Mal ganz langsam, dann vorschnellen.
Im Kreis drehen,
Im Kreis stehen.
Wir woll'n tanzen, wir woll'n lachen,
Wir woll'n endlich mal Spaß machen.

– v v – v
Putzen wir wollen.
Räumen wir sollen.
Kehren und wischen
Auf Boden und Tischen.
Ist alles sauber,
Das ist ein Zauber!
Putzen wir wollen.
Räumen wir sollen.

– v (Kann auch als 3. Päon v v – v gesprochen werden)
Wenn wir springen,
Wenn wir singen,
Uns verstecken
In den Ecken,
Wenn wir laufen,
Uns verschnaufen,
Ist die Freude
Unser heute.
Und die Sorgen
Sind für morgen.

v – –
Der Wind kriegt
Den Hut just,
Der rumfliegt
Nach Herzlust,
Mal hoch steigt,
Im Staub liegt.
Nun flink zeigt,
Wer ihn kriegt!

– v – –

Hin und her geht's;
Nimmer still steht's;
Auf und ab steigt's;
Nimmer steh'n bleibt's.
'S ist der Wind, Kind!
Nie ihn festbind';
Nie ihn fest halt'.
Merkst es doch bald.

Mit diesem folgenden Vers kann man mit den Kindern zur Pfingstfeier in den festlich geschmückten Saal eintreten. (Schlusswiederholung)

v – v

Mit Blumen, mit Kränzen,
Mit Liedern und Tänzen
Wir schreiten zur Feier.
Wir zünden die Kerzen
Mit freudigem Herzen
Zur pfingstlichen Feier.

– v –

Winter, weich'!
Winter, geh'!
Nimm sogleich
Weg den Schnee!

Winde, bringt
Warme Luft!
Vöglein, singt,
Jubelt, ruft!

Blümlein, blüh'!
Bienlein, summ'!
Sonne, glüh'
Um und um!

Dass nun bald
Frühling ist,
Wies' und Wald
Grün ersprießt!

v v –
Bin ein Schmetterling fein
Mit dem Bunt-Flügelein.
Und ich gaukle im Wind
Hin und her so geschwind.
Und ich atme am Stein
Mit den Bunt-Flügelein.
Und ich flattre zu dir
Auf den Arm, grade hier.
Willst du fangen mich, Kind,
Ei, so flieg' ich geschwind
In die weit, weite Luft
Und verschwind' wie ein Duft.

– v –
Deckt den Tisch
Froh und frisch!
Brettchen fein
Soll'n es sein.
Und mit Brot
Gibt's nicht Not.
Nun den Tee

Jupp jucheh!
Gebet Acht
Dass ihr macht
Kein Geschwapp!
Sapperlapp!
Nun zu Tisch
Froh und frisch.
Appetit
Fehlt uns nit.

– v
Kam ein Bienchen summ summ summ,
Setzt' sich auf das Veilchen.
Kam die Hummel brumm brumm brumm,
Auszuruh'n ein Weilchen.
Sprach das Bienchen: «Ach du Bär,
Bist ja viel zu schwer.»
Sprach die Hummel: «Stör' mich nicht!
Kleiner Summsewicht!
Veilchen lispelt da ganz leise:
«Ach wie zart ich bin.»
Hummel brummelt fort im Kreise.
Bienchen nippt tief drin.

v v –
Mit dem Besen ich feg'
Allen Schmutz mir jetzt weg.
Mit dem Kehricht zu Hauf
In den Eimer darauf!
Und im Nu, welch ein Glanz,
Ist es sauber so ganz.

– V –

Klopft der Specht: Poch poch Poch!
Und im Baum ist ein Loch.
Klopft der Specht: Poch poch Poch!
Würmchen, dich such ich doch!
Bin der Arzt hier im Wald.
Und der Baum, groß und alt,
Rief mich: «Komm! Ich bin krank!
Such' den Wurm! Meinen Dank!»
Klopft der Specht: Poch poch Poch!
Und im Baum ist ein Loch.

Wiederholungsverse

Anfangswiederholung:

Kastanien
Braune Kastanien, glänzen im Laub.
Braune Kastanien, liegen im Staub.
Braune Kastanien, ich nehm' sie und steck'
Schnell in die Taschen die schönsten mir weg.

Braune Kastanien, ihr habt ein Gesicht!
Braune Kastanien, vom Mond seid ihr licht.
Braune Kastanien, ich mach' mir 'ne Kette!
Ich mach' mir die schönste, gewinne die Wette.

Braune Kastanien, ich leg' sie als Schlange.
Braune Kastanien, sie schlängeln sich lange.
Braune Kastanien, sie kullern umher.
Ich habe zum Kullern noch viel', viele mehr.

Braune Kastanien, mit Stöcklein so klein,
Braune Kastanien, ich mach mir ganz fein
Braune Kastanien, ein Männlein, so keck
Wie der Klabautermann dort im Versteck.

Flechtwiederholung:

Geh ich auf die Frühlingswiese,
Frag die Mutter, wie es hieße
Hier das Blümlein, ach so blau,
Und die andern auf der Au.
Ein's die Mutter für mich pflückt.
Und ich höre zu beglückt:
Dieses ist ein blaues Veilchen,
Blaues Veilchen, Anemone,
Anemone, Schlüsselblume,
Schlüsselblume, Gänseblum',
Gänseblum', Vergissmeinnicht,
Vergissmeinnicht und Wiesenschaum,
Wiesenschaum zum bunten Strauß,
Den nimm freudig mit nach Haus'.

Innenwiederholung:

Jagt ein starker Wind die Wolken.
Zaust ein starker Wind die Bäume.
Fegt ein starker Wind die Straße.
Pfeift ein starker Wind im Astloch,
Wühlt dem Kind in seinen Haaren,
Spricht: Wie bist du heut' zerfahren.
(Die so schön geordnet waren.)

Flechtwiederholung:

Ei, was tanzt da in der Luft,
In der Luft voll weißer Sterne?
Weiße Sterne sind wie Federn,
Federn einer Engelsschwinge,
Engelsschwinge oder Kleinod,
Kleinod oder Lichtkristall,
Lichtkristall vom heil'gen Himmel,
Himmel, wo die Engel wohnen.

Ei, was tanzt da in der Luft,
In der Luft voll weißer Sterne?
Weiße Sterne tanzen nieder,
Nieder auf die dunkle Erde,
Dunkle Erde voller Nacht.
Und die Nacht, sie wird so licht,
Wird so licht als wie die Sterne,
Sterne auf dem Erdengrund.

Kranzwiederholung:

Warte still mein Kind und sieh',
Wie ein Schmetterling sich naht,
Setzt sich sanft auf dieses Blatt ...
Warte still mein Kind und sieh'.

Warte still mein Kind und sieh',
Wie der Schmetterling jetzt weit
Seine Flügelein dir zeigt ...
Warte still mein Kind und sieh'.

Wie mit Farbenmustern bunt
Sich der Schmetterling tut kund ...

Wie zwei Augen dich anseh'n,
Als ob Engel vor dir steh'n ...

Wie der Schmetterling gelenk
Seine Flügel hebt und senkt ...

Wie der Schmetterling jetzt fort
Flattert hin zum nächsten Ort ...

Spiegelung:

Liebes Kind, weißt du was?
Unterm Busch, unterm Gras,
Unterm Gras, unterm Busch,
Ja, da seh ich ein Husch!
Ja, ein Husch ich da seh:
Wurzelwicht in der Näh!
In der Näh Wurzelwicht.
In der Hand mit dem Licht.
Mit dem Licht in der Hand.
Wie er schafft unverwandt!
Unverwandt wie er schafft.
Denn der Baum will den Saft.
Denn den Saft will der Baum.
Dass der Frühling wird Traum,
Dass die Blumen erblüh'n,
Dass die Wiese wird grün,
Dass der Schmetterling schwingt
Und das Vogellied klingt.

Spiegelung:

Unterm Busch und Gras,
Ei, da lebt etwas.
Zwerge bereiten den Frühling!
Frühling bereiten die Zwerge,
Schaffen dort tüchtige Werke.
Tüchtige Werke sie schaffen:
Wurzeln, die müssen sie straffen.
Straffen sie müssen die Wurzeln.
Samen polieren tut Purzel.
Purzel polieret die Samen.
Puck in der Erde tut kramen.
Kramen tut Puck in der Erde,
Scheuet nicht Müh' und Beschwerde.
Nicht Müh' und Beschwerde er scheuet.
Der Frühling, der Frühling erneuet!

Flechtwiederholung:

Mutter Sonne steigt hervor,
Schreitet durch das Himmelstor,
Weckt die Bienen, Käfer hier,
Weckt die Vöglein im Revier,
Weckt die flinken Meisen.
Und die flinken Meisen
Wecken schnell die frechen Spatzen.
Und die frechen Spatzen
Wecken schnell die Miezekatzen.
Und die Miezekatzen
Wecken schnell die kleinen Hunde.
Und die kleinen Hunde

Wecken schnell die großen Hunde.
Und die großen Hunde
Wecken alle Kinderlein.

Kinderkreuzzug

Zum Abschluss sei ein tragisches Bild gebracht, das die Lage des modernen Kindes schildert, dem von den Erwachsenen die Kindheit weggenommen wird. Das für uns sichtbare Kind wird immer intellektueller, wird frühreif, für die technisierte und kommerzialisierte Welt brauchbar. Die Kindlichkeit des Kindes aber wird elternlos, heimatlos und stirbt in einer eisigen Welt. Bertolt Brechts «Kinderkreuzzug» gibt uns dieses Bild. Ihm soll dann aus der Gesinnung des Dargestellten eine künstlerische Antwort des Mitverfassers gegeben werden.

Kinderkreuzzug

In Polen, im Jahr Neununddreißig
War eine blutige Schlacht
Die hatte viele Städte und Dörfer
Zu einer Wildnis gemacht.

Die Schwester verlor den Bruder
Die Frau den Mann im Heer;
Zwischen Feuer und Trümmerstätte
Fand das Kind die Eltern nicht mehr.

Aus Polen ist nichts mehr gekommen
Nicht Brief noch Zeitungsbericht.
Doch in den östlichen Ländern
Läuft eine seltsame Geschicht.

Schnee fiel, als man sich's erzählte
In einer östlichen Stadt

Von einem Kinderkreuzzug
Der in Polen begonnen hat.

Da trippelten Kinder hungernd
In Trüpplein hinab die Chausseen
Und nahmen mit sich andere, die
In zerschossenen Dörfern stehn.

Sie wollten entrinnen den Schlachten
Dem ganzen Nachtmahr
Und eines Tages kommen
In ein Land, wo Frieden war.

Da war ein kleiner Führer
Das hat sie aufgericht'.
Er hatte eine große Sorge:
Den Weg, den wusste er nicht.

Eine Elfjährige schleppte
Ein Kind von vier Jahr
Hatte alles für eine Mutter
Nur nicht ein Land, wo Frieden war.

Ein kleiner Jude marschierte im Trupp
Mit einem samtenen Kragen
Der war das weißeste Brot gewohnt
Und hat sich gut geschlagen.

Und ging ein dünner Grauer mit
Hielt sich abseits in der Landschaft.
Er trug an einer schrecklichen Schuld:
Er kam aus einer Nazigesandtschaft.

Und da war ein Hund
Gefangen zum Schlachten
Mitgenommen als Esser
Weil sie's nicht übers Herz brachten.

Da war eine Schule
Und ein kleiner Lehrer für Kalligrafie.
Und ein Schüler an einer zerschossenen Tankwand
Lernte schreiben bis zu Frie ...

Da war auch eine Liebe.
Sie war zwölf, er war fünfzehn Jahr.
In einem zerschossenen Hofe
Kämmte sie ihm sein Haar.

Die Liebe konnte nicht bestehen
Es kam zu große Kält:
Wie sollen die Bäumchen blühen
Wenn so viel Schnee drauf fällt?

Da war auch ein Begräbnis
Eines Jungen mit samtenem Kragen
Der wurde von zwei Deutschen
Und zwei Polen zu Grab getragen.

Protestant, Katholik und Nazi war da
Ihn der Erde einzuhändigen.
Und zum Schluss sprach ein kleiner Kommunist
Von der Zukunft der Lebendigen.

So gab es Glaube und Hoffnung
Nur nicht Fleisch und Brot.

Und keiner schelt sie mir, wenn sie was stahln
Der ihnen nicht Obdach bot.

Und keiner schelt mir den armen Mann
Der sie nicht zu Tische lud:
Für ein halbes Hundert, da braucht es
Mehl, nicht Opfermut.

Sie zogen vornehmlich nach Süden.
Süden ist, wo die Sonn
Mittags um zwölf steht
Gradaus davon.

Sie fanden zwar einen Soldaten
Verwundet im Tannengries.
Sie pflegten ihn sieben Tage
Damit er den Weg ihnen wies.

Er sagte ihnen: Nach Bilgoray!
Muss stark gefiebert haben
Und starb ihnen weg am achten Tag.
Sie haben auch ihn begraben.

Und da gab es ja Wegweiser
Wenn auch vom Schnee verweht
Nur zeigten sie nicht mehr die Richtung an
Sondern waren umgedreht.

Das war nicht etwa ein schlechter Spaß
Sondern aus militärischen Gründen.
Und als sie suchten nach Bilgoray
Konnten sie es nicht finden.

Sie standen um ihren Führer.
Der sah in die Schneeluft hinein
Und deutete mit der kleinen Hand
Und sagte: Es muss dort sein.

Einmal, nachts, sahen sie ein Feuer
Da gingen sie nicht hin.
Einmal rollten drei Tanks vorbei
Da waren Menschen drin.

Einmal kamen sie an eine Stadt
Da machten sie einen Bogen.
Bis sie daran vorüber waren
Sind sie nur nachts weitergezogen.

Wo einst das südöstliche Polen war
Bei starkem Schneewehn
Hat man die fünfundfünfzig
Zuletzt gesehn.

Wenn ich die Augen schließe
Seh ich sie wandern
Von einem zerschossenen Bauerngehöft
Zu einem zerschossenen andern.

Über ihnen, in den Wolken oben
Seh ich andre Züge, neue, große!
Mühsam wandernd gegen kalte Winde
Heimatlose, Richtungslose

Suchend nach dem Land mit Frieden
Ohne Donner, ohne Feuer

Nicht wie das, aus dem sie kamen
Und der Zug wird ungeheuer.

Und er scheint mir durch den Dämmer
Bald schon gar nicht mehr derselbe:
Andere Gesichtlein seh ich
Spanische, französische, gelbe!

In Polen, in jenem Januar
Wurde ein Hund gefangen
Der hatte um seinen mageren Hals
Eine Tafel aus Pappe hangen.

Darauf stand: Bitte um Hilfe!
Wir wissen den Weg nicht mehr.
Wir sind fünfundfünfzig
Der Hund führt euch her.

Wenn ihr nicht kommen könnt
Jagt ihn weg.
Schießt nicht auf ihn
Nur er weiß den Fleck.

Die Schrift war eine Kinderhand.
Bauern haben sie gelesen.
Seitdem sind eineinhalb Jahre um.
Der Hund ist verhungert gewesen.

Antwort auf den Kinderkreuzzug von Bertolt Brecht
(Man sollte hierzu erst den Kinderkreuzzug lesen)

Da war ein Kinderkreuzzug einst,
Den gingen suchen wir.
Die Welt war bitterkalt, war Eis
Im weiten Schneerevier.

Und sieh', wir fanden eine Spur
Von nackten Kinderfüßen.
Der folgten wir durch eis'ge Flur,
Als ob wir Sünden büßen.

Im Schnee, da lagen Kinderlein,
Die wollten sterben, sterben.
Wir sprachen da ein Verselein ...
Da schwand es, das Verderben.

Da waren Kinder, lahm und stumpf,
Ohn' jede Freud' und Lust.
Ein Wort, das zog sie aus dem Sumpf
Und freudig ward die Brust.

Und weiter gingen wir, zu suchen
Die Schar verschollner Kleinen.
Das Wort, es darf nicht mehr verfluchen.
Es will jetzt heilen, einen.

Wir trafen Kinder, ach die schlugen
Die andern immerdar.
Dass sie sich wieder gut vertrugen,
Das Wort, es wirkte wahr.

Da waren Kinder, wüst und wild.
Unbändig sie zerstörten.
Das Wort, es macht sie sanft und mild
Und menschlich die Betörten.

Und sieh', wir liefen durch die Welt
Und fanden Kinder viele,
Die bettelten um Brot und Geld.
Es bettelten gar viele.

Wir hatten nichts als ein Gedicht.
Das sprachen wir zusammen.
Der Kinder Augen wurden licht,
die Herzen gar zu Flammen.

Und als wir gingen, waren sie
Gesättigt und genährt.
Die Worteskraft versaget nie,
Die Leben stets gewährt.

Die Sprache ist wie Meeressand.
Den lieben Kinder so.
Mit Lauten spiel'n sie unverwandt.
Das macht sie frisch und froh.

Die Sprache perlt wie Wassertropfen,
Sie saust und huscht wie Winde,
Du kannst mit ihr wie Steine klopfen
Und feuern heiß und linde ...

In Bilder schlüpft der Laut hinein
Und zaubert Märchenwelten.

Und Sprüche, lustig, ernst und fein,
Ihm zum Vergnügen gelten.

Und auch in Liedern singt der Laut.
Die Sprache tanzt und träumt.
Jedwedes Sein ist ihr vertraut.
Und nichts bleibt unversäumt.

Das Wort ist aus der Geister Land
Als Lebensquell gegeben.
Es strömt für den, der frei erkannt
DieWorteskraft als Leben.

Anmerkungen und Literaturhinweise

1 *Rhythmen und Reime,* gesammelt von Johanna Veronika Picht, Freya Jaffke und Erika Kraft, Arbeitsmaterial aus den Waldorfkindergärten 6, Stuttgart [10]2009.
2 *Der Liederbär,* Bärenreiter Verlag, Kassel.
3 Marga Arndt / Waltraut Singer (Hrsg.), *Das ist der Daumen Knuddeldick. Fingerspiele und Rätsel,* Ravensburger Verlag 2009.
4 Ernst Marti, *Das Ätherische. Eine Erweiterung der Naturwissenschaft durch Anthroposophie,* Dornach 1989.
5 Rudolf Steiner, *Menschenwerden, Weltenseele und Weltengeist – Teil I,* GA 205, Dornach [2]1987, Vortrag vom 28.6.1921.
6 Rudolf Steiner, *Der Christus-Impuls und die Entwickelung des Ich-Bewusstseins,* GA 116, Dornach [4]1982, Vortrag vom 22.12.1909.
7 Rudolf Steiner, Der Christus-Impuls und die Entwicklung des Ich-Bewusstseins, GA 116, Dornach [4]1982, Vortrag vom 22.12.1909, S. 48f.
8 Johann Lewalter, *Deutsches Kinderlied und Kinderspiel,* Kassel 1911.
9 Caroline von Heydebrand, *Vom Seelenwesen des Kindes,* Stuttgart 1971.
10 Rudolf Steiner, *Exkurse in das Gebiet des Markus-Evangeliums,* GA 124, Dornach [4]1995, Vortrag vom 18.9.1912.
11 Bronja Zahlingen, *Hänschen Apfelkern. Kleine Märchen und Geschichten zum Erzählen und Spielen,* Arbeitsmaterial aus den Waldorfkindergärten 8, Stuttgart [9]2007.
12 Rudolf Kischnick / Will van Haren, *Dreh dich nicht um … 300 Bewegungsspiele für Kinder und Jugendliche,* Stuttgart 2008.
13 Karl König, *Die ersten drei Jahre des Kindes,* Stuttgart [11]2003.
14 Rudolf Steiner, *Allgemeine Menschenkunde als Grundlage der Pädagogik,* GA 293, Dornach [9]1992, Vortrag vom 25.8.1919.
15 Rudolf Steiner / Marie Steiner-von Sivers, *Methodik und Wesen der Sprachgestaltung,* GA 280, Dornach [4]1983, S. 55f.
16 Rudolf Steiner / Marie Steiner-von Sivers, *Sprachgestaltung und Dramatische Kunst,* GA 282, Dornach [4]1981, Vortrag vom 8.9.1924, S. 112f.
17 *Tausend Jahre russische Kunst,* Moskau 1988.
18 Ebd.
19 Rudolf Steiner / Marie Steiner-von Sivers, a.a.O. (Anm. 16), Vortrag vom 7.9.1924.

Benning, Christiane, *Anno Domini.*
Ellersiek, Wilma, *Handgestenspiele, Reigen und Lieder Frühling / Sommer,* Stuttgart 2002.
Ellersiek, Wilma, *Handgestenspiele, Reigen und Lieder Herbst / Winter,* Stuttgart 2002.
Faulbaum, Paul / Ockel Eberhard, *Sonniges Jugendland,* Hannover 1979.
Grimms Märchen, Bayreuth 1976.
Grunelius, Elisabeth M., *Erziehung im frühen Kindesalter,* Schaffhausen 1988.
de Haes, D. Udo, *Der singend spielende Kindergarten,* Stuttgart 1971.
Heydebrand, Caroline von, *Vom Seelenwesen des Kindes Stuttgart,* 1971.
Kischnick, Rudolf – van Haren, Will, *Dreh dich nicht um ... 300 Bewegungsspiele für Kinder und Jugendliche,* Stuttgart 2008.
König, Karl, *Die ersten drei Jahre des Kindes,* Stuttgart [11]2003.
Lewalter, Johann, *Deutsches Kinderlied und Kinderspiel,* Kassel 1911.
Lindgren, Astrid, *Steine auf dem Küchenbord,* Hamburg 2000.
Martens, Martin Georg, *Die griechischen Sprachrhythmen,* Dornach 2009.
Rhythmen der Sprache, Dornach 1997.
Marti, Ernst, *Das Ätherische. Eine Erweiterung der Naturwissenschaft durch Anthroposophie,* Dornach 1989.
Morgenstern, Christian, *Galgenlieder,* Wiesbaden 1947.
Müller, Heinz, *Von der heilenden Kraft des Wortes und der Rhythmen,* Stuttgart 1967.
Preißler, Helmut / Rappus Gerhard, *Kinderreime und Kinderlieder aus «Des Knaben Wunderhorn»,* Berlin 1966.
Rhythmen und Reime. Arbeitsmaterial aus den Waldorfkindergärten, Heft 6 Stuttgart [10]2009
Steiner, Rudolf, *Allgemeine Menschenkunde als Grundlage der Pädagogik,* Dornach [9]1992.
–, *Der Christusimpuls und die Entwickelung des Ich-Bewusstseins,* GA 116, Dornach 1933.
–, *Die Erziehung des Kindes,* Stuttgart 1948.
–, *Exkurse in das Gebiet des Markus-Evangeliums,* Vortrag vom 18.09.1912, Dornach/Schweiz 1963.
–, *Menschenwerden, Weltenseele und Menschengeist,* Vortrag vom 28.06.1921, Dornach/Schweiz 1967.
–, *Sprachgestaltung und Dramatische Kunst,* Dornach 1926.
1000 Jahre russische Kunst, Moskau 1988.
Woll, Johanna, *Alte Kinderspiele,* Stuttgart 1995.
Wutte, Lisbeth, *Sprachpflege und Wortkultur,* Stuttgart 2008.
Zahlingen, Bronja, *Hänschen Apfelkern,* Arbeitsmaterial aus dem Waldorfkindergarten, Stuttgart 1989.